Marianne Moldenhauer

(AUTO-)MOBIL SEIN TROTZ MS

Mit Multipler Sklerose im Straßenverkehr

1. Auflage 2020

Rechtsstand: Juni 2020

© Marianne Moldenhauer

Bibliographische Information der Deutschen Nationalbibliothek
Die Deutsche Nationalbibliothek verzeichnet diese Publikation in der Deutschen Nationalbibliographie;
detaillierte bibliographische Daten sind im Internet über
http://dnb.dnb.de abrufbar.

Herstellung und Verlag:

© 2020 BoD – Books on Demand, Norderstedt

Umschlaggestaltung: Marianne Moldenhauer

ISBN: 978-3-7519-0163-5

Vorbemerkungen

Der Inhalt dieser Ausarbeitung wurde nach bestem Wissen und Kenntnisstand erstellt. Die enthaltenen Informationen erheben allerdings keinen Anspruch auf Vollständigkeit, Richtigkeit und Rechtssicherheit. Insbesondere bietet diese Information keine Rechtsgrundlage für Haftungsansprüche gegen die Autorin.

Aus Gründen der besseren Lesbarkeit wird nachfolgend das generische Maskulinum verwendet. Weibliche und anderweitige Geschlechteridentitäten sind dabei ausdrücklich mitgemeint, soweit es für die Aussage erforderlich ist.

Über die Autorin

Marianne Moldenhauer, Jg. 1965, stammt aus Vechta (Niedersachsen) und studierte als ausgebildete Sozialversicherungsfachangestellte Jura in Osnabrück und Rom. Seit 1997 ist sie als selbstständige Rechtsanwältin tätig. Gemeinsam mit ihrem Mann lebt sie mittlerweile in Baunatal (Hessen). Sie ist seit mehr als 30 Jahren an Multiple Sklerose erkrankt und weiß aus eigener Erfahrung nur zu gut, dass die Diagnose MS einen starken Einschnitt im Leben bedeutet.

Mit ihren fachlichen Publikationen bietet sie MS-Erkrankten, Angehörigen und Interessierten bereits seit mehr als zwei Jahrzehnten praktische Lebenshilfen und zeigt Perspektiven auf. In ihren weiteren Büchern gewährt Sie zudem tiefe Einblicke in ihre Gefühlswelt und liefert Denkanstöße zum achtsamen Umgang mit der eigenen Lebensenergie hin zu einem aktiven und positiven Leben.

Für verantwortungsvoll handelnde MS-Erkrankte
im Straßenverkehr.

INHALT

Vorwort   8

   I. Multiple Sklerose   9

  II. Mitgestalten durch Mobilität   10

 III. Teilnahme am Straßenverkehr nach Diagnosestellung   11

 IV. Fahreignung des an MS erkrankten Kraftfahrzeugführers   12

    1. Gesetzliche Vorschriften   13

    2. Auskunft des behandelnden Arztes   16

    3. Verkehrsmedizinische Untersuchung   16

  V. Medikamentöse Behandlung und die Fahreignung   17

    1. Die Fahrtauglichkeit beeinflussende Medikamente   18

    2. Medizinisches Cannabis   20

    3. Autofahren unter Einfluss von medizinischem Cannabis   23

       a. Ordnungsrechtliche Konsequenzen   23

       b. Strafrechtliche Konsequenzen   28

    4. Ausblick   30

 VI. Haftungsfragen   30

    1. Fahrerhaftung   30

    2. Halterhaftung   32

 VII. Erwerb der Fahrerlaubnis mit Multipler Sklerose   33

    1. Fachärztliches Gutachten   34

    2. Medizinisch-psychologische Untersuchung (MPU)   36

    3. Technisches Gutachten   37

VIII. Autokauf und finanzielle Hilfen zum Erreichen des Arbeitsplatzes   39

    1. Rabatte beim Autokauf   39

2. Leistungen der Kraftfahrzeughilfe   40

     a. Gesetzliche Vorschriften   40

     b. Kostenträger   41

     c. Art und Höhe der Förderung   42

     d. Erlangung der Fahrerlaubnis   44

     e. Behinderungsbedingte Zusatzausstattung   44

3. Steuerbefreiung oder -ermäßigung   45

IX. Umtauschfristen für PKW-Führerscheinumschreibungen   45

X. Fazit   47

XI. Begriffserklärungen   49

XII. Anhänge   50

Anhang 1 – Übersicht Fahrerlaubnisklassen   50

Anhang 2 – Alkohol und Drogen: Bußgeldrechtliche Folgen   52
     (ohne Berücksichtigung Fahranfänger)

Anhang 3 – Wirkungs- und Nachweisdauer von Cannabis   53

Anhang 4 – Bereifung zur kalten Jahreszeit   54

Anhang 5 – Termin zur Hauptuntersuchung (HU) ermitteln   55

Anhang 6 – Bußgelder – Termin zur HU überzogen   55
     CORONA-Pandemie und HU

Anhang 7 – Aufschlüsselung der Anlässe für die Durchführung von   57
     MPU in 2018

Anhang 8 – Parken auf einem öffentlichen Behindertenparkplatz   58

Anhang 9 – Antrag auf Erteilung bzw. Verlängerung der Fahrerlaubnis   58

XIII. Informationen und Literaturtipps   60

XIV. Abkürzungsverzeichnis   62

XV. Stichwortverzeichnis   64

Weitere Publikationen der Verfasserin   66

Vorwort

Immer schneller, häufiger und flexibler – nie zuvor waren Menschen so viel in Bewegung und unterwegs wie heute. Mobilität eröffnet Chancen, erweitert den Aktionsradius und schafft persönliches Wohlbefinden.

Auch MS-Erkrankte – mit und ohne Beeinträchtigungen – wollen ein selbstbestimmtes Leben führen und gleichberechtigt am gesellschaftlichen Leben teilnehmen.
Sie wollen mobil sein und bleiben. Dies betrifft u. a. auch die Fähigkeit, selbst als Autofahrer am Straßenverkehr teilnehmen zu können, denn Autofahren ist ein bedeutsamer Mobilitätsfaktor, wenn es um die Verknüpfung der Lebensbereiche Wohnen, Arbeit, Bildung, Versorgung oder um Freizeitaktivitäten geht.
Ist man schlecht zu Fuß und stehen öffentliche Verkehrsmittel kaum zur Verfügung, ist es schwierig, das eigene Leben selbstständig und unabhängig zu gestalten.

Da das Führen eines Kraftfahrzeuges ein Zusammenspiel von kognitiven (die geistige Leistungsfähigkeit betreffend), visuellen (das Sehen, den Gesichtssinn betreffend) und motorischen (den Bewegungsablauf betreffend) Fertigkeiten voraussetzt, sind MS-Erkrankte allerdings häufig verunsichert, was den Einfluss auftretender Beeinträchtigungen auf die Fähigkeit zum Führen eines Kraftfahrzeuges im Straßenverkehr, die Fahrtüchtigkeit in konkreten Situationen oder den Erwerb der Fahrerlaubnis überhaupt angeht. Sie bangen um ein Stück Mobilität.

Mit dem Teilbereich der Fortbewegung im Straßenverkehr beschäftigt sich diese Ausarbeitung. Sie erfahren, welche gesetzlichen Bestimmungen es gibt und worauf MS-Erkrankte achten sollten.

Eine erkenntnisreiche Lektüre wünscht Ihnen

Ihre

Baunatal im Juni 2020

I. Multiple Sklerose

Multiple Sklerose ist eine chronisch-entzündliche Autoimmunerkrankung des zentralen Nervensystems (Gehirn und Rückenmark; auch der Sehnerv ist ein Teil des Gehirns), von der in Deutschland vermutlich weit mehr als 200.000 Menschen betroffen sind. Das häufigste Erkrankungsalter liegt zwischen dem 20. und dem 40. Lebensjahr; zwei Drittel der Erkrankten sind Frauen.

Gesunde Nervenbahnen sind – einem Stromkabel vergleichbar – von einer Isolierschicht umhüllt und geschützt, die als Myelin bezeichnet wird. Bei dieser sog. Myelinschicht (auch Markscheide oder Nervenscheide genannt) handelt es sich um eine Schicht aus Fett und Eiweiß. Bei der MS wird diese Schicht aufgrund einer Fehlreaktion des Immunsystems angegriffen oder zerstört, so dass die einzelnen Nervensignale nur noch verlangsamt bzw. überhaupt nicht mehr weitergegeben werden können. Auch ganze Nervenbahnen können davon betroffen sein. Man spricht hierbei von einer sog. Demyelinisation (= Entmarkung) der Axonen (= Nervenfasern), die an ganz unterschiedlichen – multiplen – Stellen auftreten kann und zur Entstehung einer verhärteten (griech, sklero = hart), narbenartigen Gewebeschicht führt. Dieses Gewebe ist nicht mehr imstande, die elektrischen Nervensignale weiterzuleiten.

Da die Vernarbungen bei jedem Erkrankten anders auftreten, sind auch die Beschwerdebilder in ihrer Ausprägung, Intensität und Lokalisation ganz unterschiedlich, weshalb man die MS auch die „Krankheit mit den 1.000 Gesichtern" nennt.

Bei MS-Erkrankten treten typischerweise folgende **Symptome** auf:

- Sensibilitätsstörungen (Missempfindungen, Taubheitsgefühl)

- Spastische Lähmungserscheinungen

- Koordinations- und Bewegungsstörungen

- Gleichgewichtsstörungen

- Neurogene Blasenstörungen (nicht gut kontrollierbarer Harndrang oder auch Blasenentleerungsstörungen)

- Sehstörungen (Sehstärke, Gesichtsfeld, Doppelbilder, Verschwommensehen)

Neben vorstehenden **körperlichen Einschränkungen** kommt es bei der MS-Erkrankung **häufig auch zu Beschwerden, die oft nicht gut fassbar und sichtbar sind**:

- Geistige (kognitive) Einschränkungen (die Orientierungsleistung, Konzentrationsleistung, Aufmerksamkeitsleistung, Reaktionsfähigkeit betreffend)

- Psychische Beeinträchtigungen (z. B. Verstimmungszustände, Depressionen)

- Fatigue-Symptomatik (meint im Vergleich zu Normalgesunden außergewöhnliche, vorzeitige körperliche, geistige und psychische Müdigkeit und Leistungsschwäche)

Die Symptome können einmal auftreten und dann nie wieder, sie können auch einzeln auftreten oder sie zeigen sich in Kombination, wodurch sich ganz unterschiedliche Schwierigkeiten bei der Teilnahme am Straßenverkehr (z. B. Unsicherheit beim Autofahren) ergeben können.

Bei der MS geht man von einer Vorstufe und drei grundsätzlich zu unterscheidenden Verlaufsformen aus:

Beim **klinisch isolierten Syndrom (KIS)** kann es sich um das Anfangsstadium von Multipler Sklerose handeln. Bezeichnend ist, dass bestimmte MS-typische Frühsymptome auftreten, die diagnostischen Kriterien für die Diagnose MS jedoch noch nicht erfüllt sind.

- Bei zirka 85 % beginnt die MS klinisch mit einem **schubförmigen Verlauf**. Es treten ein oder mehrere neurologische Symptome nur kurzzeitig auf, d. h. sie klingen bereits nach wenigen Tagen bis Wochen wieder (fast) vollständig ab.

- Bei einem **sekundär-fortschreitenden Krankheitsverlauf (SPMS)** entwickeln etwa zwei Drittel der Patienten mit einer schubförmigen MS in einem Zeitraum von 10 bis 15 Jahren kontinuierlich zunehmende Beeinträchtigungen.

- Im Unterschied dazu ist die **primär fortschreitende Verlaufsform (PPMS)**, bei der sich die auftretenden neurologischen Symptome nicht mehr zurückbilden, mit 15 % eher selten.

Es treten auch Mischformen dieser Grundverlaufsformen der Erkrankung auf.

Das Positive:

Die Chancen, sein Leben mit nur relativ geringen Beeinträchtigungen weiterleben zu können, haben sich insbesondere in den letzten Jahren – auch durch verbesserte Behandlungs- und Therapiemöglichkeiten – deutlich erhöht.

Viele MS-Erkrankte sind auch noch nach Jahrzehnten weitgehend beschwerdefrei.

II. Mitgestalten durch Mobilität

Insbesondere vor dem Hintergrund der **UN-Behindertenrechtskonvention (UN-BRK)**, die bereits am 26. März 2009 von der Bundesrepublik Deutschland unterzeichnet wurde, ist die **Mobilität** von Menschen mit Behinderungen von zentraler Bedeutung für eine selbstbestimmte und gleichberechtigte Teilhabe an der Gesellschaft (**Artikel 9 – Zugänglichkeit – und Artikel 20 – Persönliche Mobilität – der UN-BRK**).

Mobilität und Erreichbarkeit sind von zentraler Bedeutung für die **Lebensqualität** einer Person oder Personengruppe im Alltag.

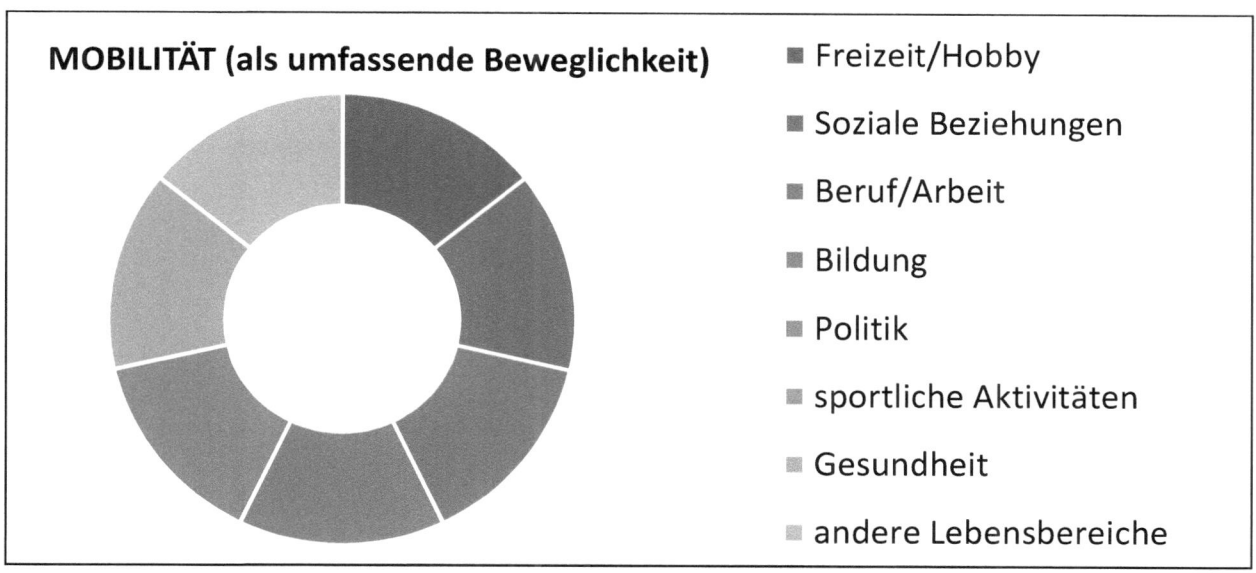

Wer nicht die Möglichkeit zur Fortbewegung hat ("nicht mobil sein kann"), hat einen schlechteren Zugang sowohl am gesellschaftlichen als auch zum wirtschaftlichen Leben.

III. Teilnahme am Straßenverkehr nach Diagnosestellung

Die **Straßenverkehrsordnung (StVO)** regelt für Fußgänger und sämtliche **Fahrzeuge** die Teilnahme am Straßenverkehr, also den **Bewegungsakt selbst**.

Der **Fahrzeugbegriff** umfasst grundsätzlich alle Fortbewegungsmittel gleich welcher Art. Der Fahrzeugbegriff erfasst daher Kraftfahrzeuge und nicht motorisierte Fahrzeuge, die der Fortbewegung dienen, gleichermaßen.

Kraftfahrzeuge sind beispielsweise:

- Kfz/Lkw
- Krafträder
- E-Scooter
- Segway (elektrischer Stehroller)
- sämtliche Elektrorollstühle
- Motorfahrzeuge zu Wasser
- Motorfahrzeuge in der Luft

Nicht motorisierte Fahrzeuge sind:

- Fahrräder
- Kutschen
- Segelboote
- Ruderboot

- Segelflugzeuge

Nicht vom Fahrzeugbegriff erfasst sind hingegen die besonderen Fortbewegungsmittel der Straßenverkehrsordnung. Zu ihnen zählen beispielsweise:

- Schiebe- und Greifreifenrollstühle
- Rodelschlitten
- Kinderwagen
- Tretroller
- Rollschuhe und Inline-Skates
- Kinderfahrräder

Verkehr bezeichnet die realisierte Bewegung in konkreten Räumen.

Grundlegendes zum **verkehrsgerechten Miteinander im Straßenverkehr** enthält **§ 1 StVO**. Dort heißt es:

(1) Die Teilnahme am Straßenverkehr erfordert ständige Vorsicht und gegenseitige Rücksicht.

(2) Wer am Verkehr teilnimmt hat sich so zu verhalten, dass kein anderer geschädigt, gefährdet oder mehr, als nach den Umständen unvermeidbar, behindert oder belästigt wird.

Es gilt das Gebot der gegenseitigen Rücksichtnahme. D. h. **jeder Verkehrsteilnehmer** sollte am Straßenverkehr nur dann teilnehmen, wenn gewährleistet ist, dass er weder sich noch andere Verkehrsteilnehmer gefährdet.

Nicht nur, aber auch bei MS-Erkrankten mit ganz unterschiedlich ausfallenden Funktionsbeeinträchtigungen und Therapien *können* sich wiederum unterschiedliche Schwierigkeiten bei der Teilnahme am Straßenverkehr ergeben.

IV. Fahreignung des an MS erkrankten Kraftfahrzeugführers

Die Teilnahme am Straßenverkehr verlangt **von jedem Fahrzeugführer,** *d. h. von demjenigen, der ein Fahrzeug lenkt und tatsächlich die Gewalt über das Steuer hat,* ein **hohes Maß an Konzentration und Achtsamkeit.**

Der Fahrzeugführer trägt die **Verantwortung für den Betrieb des Fahrzeuges** und muss sicherstellen, dass er dazu geeignet ist, dieses zu führen.

Fahreignung (Synonym: Fahrtauglichkeit) ist die generelle, nicht auf eine bestimmte Situation und Befindlichkeit bezogene Fähigkeit einer Person zum Führen von Fahrzeugen. **Anhaltspunkte für die Fahreignung** eines Fahrzeugführers ergeben sich aus **gesetzlichen Vorschriften** und auch über die **Auskunft des behandelnden Arztes.**

1. Gesetzliche Vorschriften

Wann die **Fahreignung** als erwiesen gilt, ist in **§ 2 des Straßenverkehrsgesetzes (StVG) – Fahrerlaubnis und Führerschein** definiert. Dort heißt es im **4. Absatz:**

Geeignet zum Führen von Kraftfahrzeugen ist, wer die notwendigen körperlichen und geistigen Anforderungen erfüllt und nicht erheblich oder nicht wiederholt gegen verkehrsrechtliche Vorschriften oder gegen Strafgesetze verstoßen hat.

Der Begriff der **Fahreignung** umfasst damit sowohl **körperliche, geistige als auch charakterliche Eigenschaften.**

Nach **§ 31 der Straßenverkehrs-Zulassungs-Ordnung (StVZO) – Verantwortung für den Betrieb der Fahrzeuge** muss der Führer eines **Kraftfahrzeugs** zum selbstständigen Führen in der Lage sein.

HINWEIS: Diese **Eignung ist unabhängig von der Gültigkeit der** für die jeweilige Kraftfahrzeugklasse erworbenen **Fahrerlaubnis.**

Für den **Fahrzeughalter**, *also die Person, die regelmäßig, tatsächlich und wirtschaftlich über die Nutzung des Kraftfahrzeuges bestimmen kann*, gilt:
Er darf die Inbetriebnahme nicht anordnen oder zulassen, wenn ihm bekannt ist oder bekannt sein müsste, dass der Fahrer nicht zur selbstständigen Führung des Kraftfahrzeuges geeignet ist.

Die **Fahrerlaubnisverordnung (FeV)** legt fest, wer, wann und unter welchen Voraussetzungen ein Fahrzeug führen darf.

§ 2 Eingeschränkte Zulassung

(1) Wer sich infolge körperlicher oder geistiger Beeinträchtigungen nicht sicher im Verkehr bewegen kann, darf am Verkehr nur teilnehmen, wenn **Vorsorge getroffen ist, dass er andere nicht gefährdet.** *Die Pflicht zur Vorsorge, namentlich durch das Anbringen geeigneter Einrichtungen an Fahrzeugen, durch den Ersatz fehlender Gliedmaßen mittels künstlicher Glieder, durch Begleitung oder durch das Tragen von Abzeichen oder Kennzeichen, obliegt dem Verkehrsteilnehmer selbst oder einem für ihn Verantwortlichen. (...)*

Die Ungeeignetheit oder bedingte Eignung bei Erkrankungen ergibt sich aus § 46 Abs. 2 S. 1 FeV, wenn ein Eignungsmangel i. S. d. §§ 3 Abs. 1, 11 Abs. 1 StVG nach Anlage 4 oder 5 FeV vorliegt.

In den **Anlagen 4 und 5** der **FeV sind einzelne chronische Erkrankungen beziehungsweise Beeinträchtigungen beschrieben**, die die Eignung zur Führung von Kraftfahrzeugen längere Zeit beeinträchtigen oder aufheben können, **und tabellarisch verzeichnet, ob man damit ein Fahrzeug eingeschränkt bzw. unter gewissen Voraussetzungen führen darf oder grundsätzlich nicht.** Zu diesen Erkrankungen sind **mögliche Beschränkungen** oder **Auflagen** aufgeführt.

Gemäß des jeweils gültigen Anhangs III der EU-Führerscheinrichtlinie und der Anlage 4 der FeV lassen sich Fahrerlaubnisse in zwei Gruppen aufteilen:

- In **Gruppe 1** fällt vor allem die **Nutzung von privaten und landwirtschaftlichen Fahrzeugen** (entspricht den Führerschein- bzw. Fahrerlaubnisklassen[1] A, A1, A2, B, BE, AM, L, T), während

- die **Gruppe 2** den **gewerblichen Güter- und Personenverkehr** umfasst. Dies entspricht den Führerscheinklassen C, C1, CE, C1E, D, D1, DE, D1E sowie der Fahrerlaubnis zur Fahrgastbeförderung (FzF).

Krankheiten, Mängel		Eignung oder bedingte Eignung		Beschränkungen/ Auflagen bei bedingter Eignung	
		Klassen A, A1, B, BE, M, S, L, T	Klassen C, C1, CE, C1E, D, D1, DE, D1E, FzF	Klassen A, A1, B, BE, M, S, L, T	Klassen C, C1, CE, C1E, D, D1, DE, D1E, FzF
6.	**Krankheiten des Nervensystems**				
6.1	Erkrankungen und Folgen von Verletzungen des Rückenmarks	ja abhängig von der Symptomatik	nein	bei fortschreitendem Verlauf Nachuntersuchungen	-
6.2	Erkrankungen der neuromuskulären Peripherie	ja abhängig von der Symptomatik	nein	bei fortschreitendem Verlauf Nachuntersuchungen	-
6.3	Parkinsonsche Krankheit	ja bei leichten Fällen und erfolgreicher Therapie	nein	Nachuntersuchungen in Abständen von 1, 2 und 4 Jahren	-
6.4	Kreislaufabhängige Störungen der Hirntätigkeit	ja nach erfolgreicher Therapie und Abklingen des akuten Ereignisses ohne Rückfallgefahr	nein	Nachuntersuchungen in Abständen von 1, 2 und 4 Jahren	-

(Auszug aus der Anlage 4 FeV zu den §§ 11, 13 und 14)

---

[1] Siehe Anhang 1, S. 49.

Die Bundesanstalt für Straßenwesen veröffentlicht **„Begutachtungsleitlinien zur Kraftfahreignung"**, die detailliert auf einzelne Erkrankungen eingehen.

HINWEIS: Sie werden laufend aktualisiert, siehe: **www.bast.de** > Verhalten und Sicherheit > Fachthemen > Begutachtungsleitlinien zur Kraftfahreignung.
Der Download der Richtlinien ist kostenlos.

Multiple Sklerose ist in der Anlage 4 FeV nicht ausdrücklich aufgeführt.

Es gibt also keinen Grund, die Fahreignung (Fahrtauglichkeit) bei MS-Erkrankten **PAUSCHAL** infrage zu stellen.

Unabhängig davon werden allerdings allgemeine neurologische Symptome genannt, die die Fahreignung grundsätzlich beeinträchtigen können. Dazu gehören Paresen, Sensibilitätsstörungen, Koordinationsstörungen, Sehstörungen, Tagesschläfrigkeit und neuropsychologische Störungen.

Die MS führt also nicht per se zur Einschränkung oder Aufhebung der Fahreignung, sondern im Kontext mit dem progredienten Krankheitsverlauf sowie der Ausprägung der Symptomatik.

Die Frage des Verlaufes, des Ausprägungsgrades und die spezifischen Anforderungen für die Teilnahme am Straßenverkehr müssen im **Einzelfall** geklärt werden.

HINWEIS: Der an MS Erkrankte muss **„Vorsorge treffen"** (gesetzliche Vorsorgepflicht!). Das bedeutet, er ist dafür verantwortlich, seine Eignung zum Führen eines Kraftfahrzeuges nachzuweisen. Er muss sich somit immer wieder kritisch selbst hinterfragen, ob er den Anforderungen des Straßenverkehrs gewachsen ist, denn Fahrzeuglenker haben laut § 2 der Fahrerlaubnisverordnung per se eine **hohe Eigenverantwortung** in Bezug auf ihren aktuellen Gesundheitszustand:

Wer sich aufgrund gesundheitlicher Beeinträchtigung nicht in der Lage fühlt, ein Fahrzeug zu führen, muss es stehen lassen. Das gilt insbesondere, wenn die Krankheit mit Medikamenten behandelt wird.

Tritt also ein Schub auf oder eine Behinderung oder eine Progredienz ein, die die Verkehrstauglichkeit einschränkt oder einschränken könnte, so tut der an MS erkrankte Fahrzeugführer gut daran, sich verantwortungsvoll zu verhalten und geeignete Vorsorge zu treffen.

Eine **Meldung der MS-Erkrankung seitens des Erkrankten** bei der Fahrerlaubnisbehörde ist **nicht** vorgeschrieben.

Der MS-Erkrankte muss allerdings wissen, dass *die Polizei Informationen über Tatsachen, die auf nicht nur vorübergehende Mängel hinsichtlich der Eignung oder auf Mängel hinsichtlich der Befähigung einer Person zum Führen von Kraftfahrzeugen schließen lassen, den Fahrerlaubnisbehörden zu übermitteln hat, soweit dies für die Überprüfung der Eignung oder Befähigung aus der Sicht der übermittelnden Stelle erforderlich ist. Soweit die mitgeteilten Informationen für die Beurteilung der Eignung oder Befähigung nicht erforderlich sind, sind die Unterlagen unverzüglich zu vernichten, s.* **§ 2 Abs. 12 StVG**.

2. Auskunft des behandelnden Arztes

Der behandelnde Arzt ist verpflichtet, den an MS erkrankten Patienten über seinen Gesundheitszustand aufzuklären und auf mögliche Einschränkungen und Gefahren wegen seiner Krankheit, Behinderung oder medikamentösen Behandlung hinzuweisen und diesen Hinweis zu dokumentieren.
Insbesondere sollte er seinen Patienten zu Beginn der Therapie vom Führen eines Fahrzeuges solange abraten, bis die psychotropen und andere unerwünschte Nebenwirkungen nicht mehr auftreten und sie trotz Krankheit fahrsicher sind. Auch ist auf (Wechsel-)Wirkungen mit anderen Medikamenten und insbesondere auch geringen Mengen an Alkohol hinzuweisen.

TIPP: Die Beurteilung und Einschätzung der Fahreignung bzw. der Fahrtauglichkeit bei Multipler Sklerose sollte zwischen MS-Patient und Arzt immer mal wieder zum Thema gemacht werden.

Diese Empfehlung an den ambulant behandelnden Arzt findet sich auch oft im Abschlussbefundbericht nach einer Reha-Maßnahme.

HINWEIS: Für den Arzt besteht jedoch **keine Meldepflicht** an die Straßenverkehrsbehörde und das Unterlassen einer Meldung hat – anders als bei einer Verletzung der Aufklärungspflicht – keine straf- oder zivilrechtlichen Folgen.
Hier will der Gesetzgeber eindeutig, dass der Patient Vertrauen zum Arzt haben kann und dies ein höheres Gut im Umgang mit dem Patienten darstellt als die Wahrung der öffentlichen Verkehrssicherheit.

3. Verkehrsmedizinische Untersuchung

Wenn der MS-Erkrankte sich Gewissheit über seine Fahreignung verschaffen möchte, kann er seine Fahrtauglichkeit auch nichtamtlich vom Arzt mit verkehrsmedizinischer Qualifikation, von speziell geschulten Fahrlehrern oder im Rahmen einer stationären Rehabilitationsbehandlung, untersuchen lassen.

Auch der TÜV bietet neben dem Fahrer-Fitness-Check ärztliche oder fachärztliche Untersuchungen an.

TIPP:	Es empfiehlt sich, zunächst den Hausarzt oder den Neurologen zu fragen, ob er diese Qualifikation besitzt, bevor man sich auf die Suche nach einem „Verkehrsmediziner" macht.
	Der MS-Erkrankte als Verkehrsteilnehmer kann den **Gutachter frei wählen**.
	Vom Ergebnis des Gutachtens erhält nur er (als Auftraggeber) Kenntnis. Der Gutachter unterliegt der Schweigepflicht.
	Das Gutachten hat ausschließlich empfehlenden Charakter.
ABER:	Konsequenterweise ist im eigenen Interesse dringend davon abzuraten, gegen die Empfehlungen eines solchen ärztlichen Gutachtens zu handeln.
KOSTEN:	Die Kosten für das ärztliche Gutachten muss grundsätzlich derjenige tragen, dessen Fahreignung auf dem Prüfstand steht. Erfolgt die **Begutachtung** allerdings **im Rahmen einer stationären Rehabilitationsbehandlung** (etwa, wenn ein Auto aus beruflichen Gründen unentbehrlich ist) entstehen dem MS-Patienten **keine Kosten**.

V. Medikamentöse Behandlung und die Fahreignung

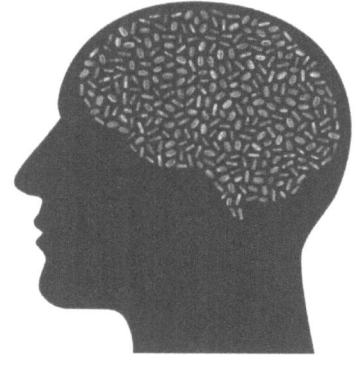

Eine **medikamentöse Behandlung** kann bei guter medikamentöser Einstellung und regelmäßigen Kontrollen durch den behandelnden Arzt die Eignung zum Führen eines Kraftfahrzeugs herstellen (Bspe.: Diabetiker, Schmerzpatienten oder Bluthochdruckkranke).

Eine beträchtliche Anzahl von Medikamenten kann allerdings auch zu erheblichen Einschränkungen der Fahreignung führen.

1. Die Fahrtauglichkeit beeinflussende Medikamente

Arzneimittel	Die Fahrtauglichkeit beeinflussende Nebenwirkungen (nachfolgend nur eine Auswahl!)
Benzodiazepine vorwiegend eingesetzt bei Angst- und Spannungszuständen sowie bei Schlafstörungen und Krampfanfällen	verlängerte Reaktionszeit, Kopfschmerzen, Tagessedierung, Müdigkeit, Benommenheit, Schwindel, eingeschränkte Aufmerksamkeit/Konzentration, Sehstörungen, Muskelschwäche, beeinträchtigte motorische Kontrolle
Antihistaminika – eingesetzt bei Allergien	Müdigkeit, Schwindel, Sedierung bei erster Generation und – wenn auch schwächer ausgeprägt – bei der zweiten Generation, vor allem bei **Cetirizin**, ein Wirkstoff, der gegen Allergie wie Heuschnupfen zum Einsatz kommt.
Sulfonylharnstoffe – zur Therapie des Diabetes mellitus Typ 2 eingesetzt	Hypoglykämie mit Symptomen wie Kopfschmerzen, Schläfrigkeit, Ängstlichkeit, Unsicherheit der Bewegungen, vorübergehende neurologische Ausfallerscheinungen
Antihypertensiva zur Blutdrucksenkung	verstärkter Blutdruckabfall, Synkopen, Müdigkeit, Schwindelgefühl, Benommenheit, Kopfschmerzen, Verwirrtheit, Nervosität
Opioid-Analgetika zur Behandlung akuter und chronischer Schmerzen	Somnolenz, Erschöpfung, Schwindel, Kopfschmerzen, Krampfanfälle, verminderter Bewusstseinsgrad, Angstzustände, Verwirrtheit, verschwommenes Sehen, Halluzinationen
nicht steroidale Antirheumatika (NSAR) – schmerzlindernde und entzündungshemmende Medikamente, die kein Kortison enthalten	Kopfschmerzen, Schwindel, Schlaflosigkeit, Erregung, Reizbarkeit, Müdigkeit, Sehstörungen
Serotonin-Wiederaufnahmehemmer (SSRI), also Antidepressiva	Nervosität, Erregung, Somnolenz, Kopfschmerzen, Schlafstörungen, Tremor, Aufmerksamkeitsstörung, orthostatischer Schwindel, Synkopen, Sehstörungen
Trizyklische Antidepressiva (TZA) – Wirkstoffe aus der Gruppe der Antidepressiva	Müdigkeit, Schwindel, Benommenheit, Kopfschmerzen, Verwirrtheitszustände, motorische Störungen, Krampfanfälle, Hypotonie und orthostatische Dysregulation, Akkommodationsstörungen

Arzneimittel	Die Fahrtauglichkeit beeinflussende Nebenwirkungen
Antiepileptika – dienen der symptomatischen Behandlung verschiedener Epilepsieformen	Fatigue, Konzentrationsstörungen, Verwirrtheit, Desorientierung, Reizbarkeit, aggressives Verhalten, Unruhe, Nervosität, Angstzustände, Schlafstörungen, Somnolenz, verlängerte Reaktionszeit, verminderter Muskeltonus, Schwindel, Kopfschmerzen
Antiparkinsonmittel, also Arzneimittel zur Behandlung der Parkinson-Krankheit	Somnolenz und/oder plötzlich auftretende Schlafattacken, Verwirrtheit, innere Unruhe, Ängstlichkeit, Halluzinationen, Schwindel, Kopfschmerzen, hypotone orthostatische Kreislaufregulationsstörungen
Antipsychotika – reduzieren vor allem psychotische Symptome wie Halluzinationen, Wahn, Denkzerfahrenheit und hemmen die Aufnahme von Innen- und Außenreizen	Sedierung, Müdigkeit, Hypotonie oder orthostatische Dysregulation, Akkommodationsstörungen

Die **„Begutachtungsleitlinien zur Kraftfahreignung"** enthalten an mehreren Stellen detaillierte Hinweise zur Kraftfahreignung im Zusammenhang mit Medikamenten.

TIPP: Bereits vor der Einnahme von Medikamenten sollte der Patient mit dem behandelnden Arzt über eine mögliche Einschränkung seiner Fahreignung sprechen.

Insbesondere in der **Eingewöhnungs- und Umstellungsphase** und nach dem Absetzen eines Medikaments ist besondere Vorsicht geboten.

I. d. R. spricht der behandelnde Arzt Empfehlungen zur Länge einer vorübergehenden oder anhaltenden Fahruntauglichkeit aus. Diese sollte der Betroffene ernst nehmen.

HINWEIS: Bei **Selbstmedikation bzw. zusätzlicher Einnahme von – auch freiverkäuflichen – Arzneimitteln** (z. B. Schmerzmittel und Schnupfensprays) sollte der MS-Erkrankte neben dem Arzt zwecks Abschätzung etwaiger Wechselwirkungen auch den Apotheker ins Vertrauen ziehen. Dieser kann ebenfalls auf etwaige Warnsignale oder Einschränkungen bei der Verkehrsteilnahme hinweisen.

> Der MS-Erkrankte sollte zudem die entsprechenden Warnhinweise auf dem Beipackzettel beachten. Ziehen Medikamente eine Wirkung im Straßenverkehr nach sich, ist der Hersteller verpflichtet, dies zu kennzeichnen.

Jeder Verkehrsteilnehmer ist für seine Fahrtauglichkeit verantwortlich.

Es gibt kein Gesetz, das die Teilnahme am Straßenverkehr bei Einnahme von Medikamenten generell verbietet oder einschränkt.

Allerdings handelt gemäß **§ 24a Straßenverkehrsgesetz (StVG)** ordnungswidrig, **wer unter der Wirkung eines in der Anlage zu dieser Vorschrift genannten berauschenden Mittels im Straßenverkehr ein Kraftfahrzeug** führt.

Anlage zu § 24a StVG *(Fundstelle: BGBl. I 2007, 1045)*

Liste der berauschenden Mittel und Substanzen

Berauschende Mittel	Substanzen
Cannabis	Tetrahydrocannabinol (THC)
Heroin	Morphin
Morphin	Morphin
Cocain	Cocain
Cocain	Benzoylecgonin
Amfetamin	Amfetamin
Designer-Amfetamin	Methylendioxyamfetamin (MDA)
Designer-Amfetamin	Methylendioxyethylamfetamin (MDE)
Designer-Amfetamin	Methylendioxymetamfetamin (MDMA)
Metamfetamin	Metamfetamin

---

2. Medizinisches Cannabis

Patienten mit einer schwerwiegenden Erkrankung, u. a. auch an MS Erkrankte, haben die Freigabe von **Cannabis als Medikament** lange herbeigesehnt.

Medizinal-Cannabis als Leistung der gesetzlichen Krankenkassen

Seit dem Inkrafttreten des **Gesetzes zur Änderung betäubungsmittelrechtlicher und anderer Vorschriften) am 10. März 2017 (Bundesgesetzblatt (BGBl) I, Seite 403)** ist die **Verordnungsfähigkeit** von **Medizinal-Cannabis** zu Therapiezwecken **zulasten der gesetzlichen Krankenkassen** geregelt.

Gesetzliche Grundlage hierfür ist **§ 31 Absatz 6 Fünftes Sozialgesetzbuch (SGB V):**

*Der Anspruch auf Versorgung mit **Cannabis in Form von getrockneten Blüten oder Extrakten** in standardisierter Qualität und auf **Versorgung mit Arzneimitteln mit den Wirkstoffen Dronabinol oder Nabilon** gilt nur, wenn*

1. *eine allgemein anerkannte, dem medizinischen Standard entsprechende Leistung*

    a. *nicht zur Verfügung steht oder*

    b. *im Einzelfall nach der begründeten Einschätzung des Arztes unter Abwägung der zu erwartenden Nebenwirkungen und unter Berücksichtigung des Krankheitszustandes des Patienten nicht angewendet werden kann,*

2. *eine nicht ganz entfernt liegende Aussicht auf eine spürbare positive Einwirkung auf den Krankheitsverlauf oder auf schwerwiegende Symptome besteht.*

*Vor der **erstmaligen Verordnung** eines Cannabispräparats muss der Patient (als Versicherter) die Genehmigung seiner Krankenkasse einholen.*

Die Krankenkasse kann (sie muss es nicht!) den „Medizinischen Dienst" (MD, bis Ende 2019: MDK) einschalten, um sozialmedizinische Fragen im Zusammenhang mit der Genehmigung der Cannabis-Verordnung zu klären. (Zur Sicherstellung einer einheitlichen Begutachtung wurde eine **Begutachtungsanleitung** erarbeitet, die der GKV-Spitzenverband als zentrale Interessenvertretung der gesetzlichen Kranken- und Pflegekassen im August 2017 **als Richtlinie nach § 282 SGB V erlassen** hat.) Aufgabe des MD ist es, den jeweiligen medizinischen Sachverhalt zu bewerten und auf dieser Basis eine Empfehlung an die Krankenkasse abzugeben.

Die Entscheidung für oder gegen eine Genehmigung der ersten Verordnung trifft die Krankenkasse. Sie teilt ihre Entscheidung dem Versicherten in einem schriftlichen Bescheid mit.[2]

HINWEIS: Sollte sich der Versicherte gegen einen ablehnenden Bescheid wehren wollen, so muss er bei der Krankenkasse schriftlich Widerspruch einlegen. Hierfür hat er einen Monat nach Zugang des Bescheides Zeit. Der Widerspruch sollte begründet werden. Wenn der Widerspruch abgelehnt werden sollte, kann innerhalb Monatsfrist Klage vor dem Sozialgericht erhoben werden.

Eine Ausnahme gilt für SATIVEX und CANAMES innerhalb der für sie festgelegten Anwendungsgebiete:
Diese Präparate werden bei einer Therapie für die jeweilige Erkrankung gemäß

---

[2] Was eine zeitliche Befristung der Kostenübernahme angeht, hat das Sozialgericht (SG) Hildesheim in einem Beschluss vom 21. November 2017, Az. S32 KR 4041/17 ER, im Rahmen eines Eilverfahrens darauf hingewiesen, dass dies nicht zulässig ist.

Zulassung (SATIVEX: Das Mundspray ist u. a. zugelassen zur Symptomverbesserung bei Erwachsenen mit mittelschwerer bis schwerer Spastik aufgrund von MS, die nicht angemessen auf eine andere antispastische Arzneimitteltherapie angesprochen haben und die eine klinisch erhebliche Verbesserung von mit der Spastik verbundenen Symptomen während eines Anfangstherapieversuchs aufzeigen, CANEMES: in der Tumortherapie) ohne diesen Schritt erstattet.

Die gesetzliche Regelung gilt somit für:

- Cannabis in Form von getrockneten Blüten

- Cannabisextrakte in standardisierter Qualität

- Arzneimittel mit Dronabinol (bezeichnet den Wirkstoff Tetrahydrocannabinol, THC)

- Fertigarzneimittel SATIVEX (mit dem Wirkstoff Nabiximol) außerhalb der Zulassung

- Fertigarzneimittel CANEMES (mit dem Wirkstoff Nabilon) außerhalb der Zulassung

HINWEIS: Sie gilt nicht für reines Cannabidiol (CBD), aber für CBD-haltige Blüten und Extrakte.

Bei allen Cannabisarzneimitteln handelt es sich um Betäubungsmittel der **Anlage III zu § 1 Absatz 1 Betäubungsmittelgesetz (BtMG).**

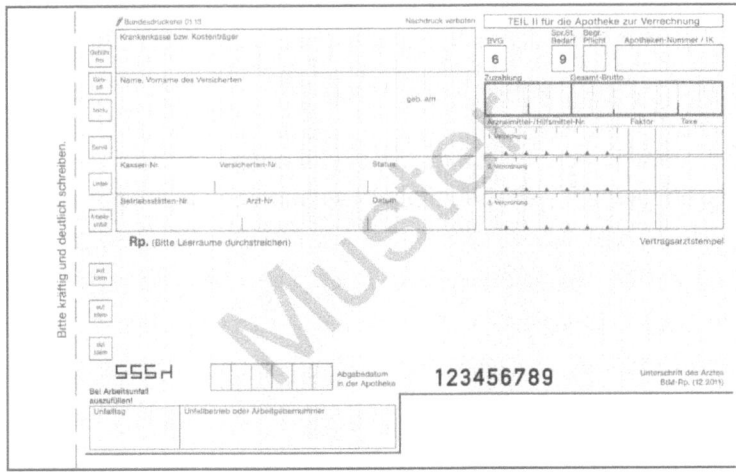

Vor der Verordnung von Cannabismedikamenten auf einem **Betäubungsmittelrezept** (*„BtM-Rezept"*, *s. Abb. links*) muss der Arzt[3] im Einzelfall prüfen, ob es Indizien dafür gibt, dass Cannabinoide auf den Krankheitsverlauf oder schwerwiegende Krankheitssymptome „spürbar positiv" einwirken können.

Quelle: Bundesinstitut für Arzneimittel und Medizinprodukte

---

[3] Arzt jeder medizinischen Fachrichtung (z. B. Hausarzt, Neurologe), Ausnahme: Zahn- und Tierarzt.

3. Autofahren unter Einfluss von medizinischem Cannabis

Bei MS-Erkrankten, denen Medizinal-Cannabis verordnet wird, herrscht ebenfalls oft Unsicherheit, ob sie trotz des Cannabis-Konsums noch selbst Auto fahren dürfen oder nicht.

a. Ordnungsrechtliche Konsequenzen

Grundsätzlich ordnungswidrig handelt, wer **unter** der **Wirkung** eines in der Anlage zu dieser Vorschrift genannten **berauschenden Mittels** im Straßenverkehr ein Kraftfahrzeug führt, **§ 24a Absatz 2 StVG**.

Die **Anlage zu § 24a StVG** (s. o., S. 20) nennt ausdrücklich auch **Cannabis**.

Das **Merkmal „unter Wirkung"** ist regelmäßig festgestellt, wenn beispielsweise Cannabis im Blut nachgewiesen wird.

ABER: Für Personen, die Cannabis aus medizinischen Gründen **und** auf ärztliche Verordnung bestimmungsgemäß konsumieren, besteht kein generelles Fahrverbot (sog. Medikamentenklausel).

In **§ 24a Absatz 2 Satz 3 StVG** heißt es dazu:

Satz 1 **gilt nicht**, wenn die **Substanz aus der bestimmungsgemäßen Einnahme eines für einen konkreten Krankheitsfall verschriebenen Arzneimittels herrührt.**

Zweck dieser Regelung ist, durch die therapeutische Medikation die Fahrtüchtigkeit und Fahreignung eines Patienten herzustellen, der zuvor (z. B. aufgrund einer Spastik oder bei Schmerzen) nicht in der Lage war, ein Fahrzeug sicher zu führen. Der Konsumzweck ist hier nicht die Berauschung, sondern die Linderung der Symptomatik.

Im Übrigen gilt auch bei einer Dauerbehandlung des MS-Patienten mit Medizinal-Cannabis, dass dieser **nur fahrtüchtig** ein Fahrzeug führen darf.

Für die **Frage der Fahreignung** kommt es darauf an,

- ob der Betroffene Cannabis **zuverlässig nur nach der ärztlichen Verordnung** einnimmt,

- **keine dauerhaften Auswirkungen auf die Leistungsfähigkeit festzustellen sind,**

- die **Grunderkrankung für sich genommen der sicheren Verkehrsteilnahme nicht im Wege steht** und

- der Betroffene **verantwortlich mit dem Medikament** umgeht, insbesondere nicht fährt, wenn die Medikation verändert wird.

Hat der MS-Erkrankte das im Rahmen der Blutprobe festgestellte THC aufgrund eines medizinisch verordneten Cannabisrezepts eingenommen, darf er am Straßenverkehr teilnehmen und dort ein Kraftfahrzeug führen, *vgl. Oberlandesgericht (OLG) Bamberg, Beschluss vom 2. Januar 2019 - 2 Ss OWi 1607/18:*

Leitsatz:

1. Die bußgeldrechtliche Ahndung einer Drogenfahrt nach § 24a Abs. 2 oder 3 StVG scheidet gemäß § 24a Abs. 2 Satz 3 StVG aus, wenn die im Blut des Betroffenen nachgewiesene Substanz aus der bestimmungsgemäßen Einnahme eines für einen konkreten Krankheitsfall verschriebenen Arzneimittels herrührt, d.h. der Einfluss der Substanz allein auf der Einnahme der sich aus der ärztlichen Verordnung vorgegebenen Dosierung und auch nicht auf einer sonstigen missbräuchlichen Verwendung beruht.

2. Bringt der Betroffene vor, die nachgewiesene berauschende Substanz beruhe auf der bestimmungsgemäßen Einnahme als Arzneimittel gemäß einer für ihn ausgestellten ärztlichen Verordnung, hat sich das Tatgericht hiermit näher zu befassen, sofern es nicht von einer reinen Schutzbehauptung ausgeht. Die tatrichterliche Beweiswürdigung erweist sich deshalb als lückenhaft, wenn sich aus dem Urteil nicht ergibt, warum der Einwand des Vorliegens der gesetzlichen Voraussetzungen des § 24a Abs. 2 Satz 3 StVG als unbeachtlich angesehen worden ist.

HINWEIS: **Von den Cannabispatienten wird allerdings ebenfalls ein hohes Maß an Zuverlässigkeit und Verantwortlichkeit (Compliance) im Umgang mit der Medikation und bei Auftreten von Nebenwirkungen erwartet. Sie müssen auch selber über ihre Fahrtüchtigkeit/Fahrsicherheit entscheiden.** Sie werden im Straßenverkehr genauso behandelt wie andere Patienten, die unter einer Dauermedikation stehen bzw. die ein psychoaktives Arzneimittel verordnet bekommen haben.

Treten während der Fahrt Ausfallerscheinungen auf, die auf die Einwirkung dieser Medikamente zurückführbar sind, droht den Betroffenen Strafbarkeit nach § 316 des Strafgesetzbuchs (StGB), dazu später mehr.

Zu einer Beeinträchtigung der Fahrsicherheit kann es insbesondere auch in der **Einstellungs- und Eingewöhnungsphase** oder bei einer **Anpassung der Dosierung**, nach **zu hoher Dosierung** oder bei **Beigebrauch** von anderen zentral wirksamen Substanzen kommen.

05.04.2017

Cannabispatienten dürfen nach Angaben der Bundesregierung am Straßenverkehr teilnehmen, sofern sie aufgrund der Medikation nicht in ihrer Fahrtüchtigkeit eingeschränkt sind. Die Patienten müssten also in der Lage sein, das Fahrzeug sicher zu führen, heißt es in der Antwort (18/11701) der Bundesregierung auf eine sog. Kleine Anfrage (18/11485) der Fraktion DIE LINKE.

Patienten drohe keine Sanktion gemäß dem Straßenverkehrsgesetz, „wenn Cannabis aus der bestimmungsgemäßen Einnahme eines für einen konkreten Krankheitsfall verschriebenen Arzneimittels herrührt". Eine Entziehung der Fahrerlaubnis sei jedoch bei missbräuchlicher Einnahme eines cannabishaltigen Medikaments möglich. Wie es in der Antwort weiter heißt, kann die Fahrtüchtigkeit auch in der Einstellungs- und Eingewöhnungsphase von cannabishaltigen Arzneimitteln beeinträchtigt sein.

Für die derzeit rund 1.000 Cannabispatienten gelte die Ausnahmeklausel des Straßenverkehrsgesetzes. Zweck der Regelung sei, dass „durch die Medikation die grundsätzliche Fahrtüchtigkeit erst wieder hergestellt wird". Die Wirkung der Substanz als Therapeutikum unterscheide sich deutlich von der bei missbräuchlichem Konsum. Drogenkonsumenten wollten sich berauschen, Patienten nähmen solche Substanzen, um einem Leiden entgegenzuwirken.

Die Patienten seien anders als Drogenkonsumenten auch sehr zuverlässig und verantwortlich und verhielten sich regelkonform. Gesetzlich nicht festgeschrieben sei, dass Patienten unter Dauermedikation einen Nachweis darüber mitführen müssten. Cannabispatienten werde jedoch empfohlen, beim Führen eines Fahrzeugs eine Ausfertigung des Betäubungsmittelrezeptes oder eine Bescheinigung des Arztes mitzunehmen.

*(**www.bundestag.de/presse/hib/2017_04/502018-502018** und die dazugehörigen Drucksachen)*

Erfüllt ein Medizinal-Cannabis-Patient die Voraussetzungen der sog. Medikamentenklausel, darf ihm **nicht von vornherein** auferlegt werden, sich regelmäßig ärztlich untersuchen zu lassen.

Nach **§ 14 Abs. 1 Satz 3 FeV – Klärung von Eignungszweifeln im Hinblick auf Betäubungsmittel und Arzneimittel** *kann jedoch die Beibringung eines medizinisch-psychologischen Gutachtens angeordnet werden, wenn gelegentliche Einnahme von Cannabis vorliegt und weitere Tatsachen Zweifel an der Eignung begründen.*

Die Fahrerlaubnisbehörde darf den Medizinal-Cannabis-Patienten zudem in gewissen Zeitabständen zur Vorlage eine Gutachtens auffordern, damit die Langzeitwirkung von dauerhafter Cannabiseinnahme überprüft werden kann (*vgl. Urteil des Verwaltungsgerichts Düsseldorf vom 24. Oktober 2019 – 6 K 4574/18*).

WICHTIG: Auch beim Medizial-Cannabis gilt: **Eine medikamentöse Behandlung kann die Eignung zum Führen eines Kraftfahrzeugs erheblich einschränken.** Das gilt insbesondere in der Einstellungs- und Eingewöhnungsphase auf diese Medikamente. Gerade zu Beginn der Therapie mit Cannabis-Arzneimitteln treten häufig Schwindelanfälle und Müdigkeit auf, die die Fahrtüchtigkeit deutlich beschränken. Auch Nebenwirkungen wie beschleunigter Herzschlag, Blutdruckabfall, Muskelentspannung und menschliche Psyche beeinflussende Wirkungen sind möglich.

Der **behandelnde Arzt muss** seine Cannabis-Patienten über mögliche Risiken und Gefahren, auch in Hinsicht auf die Verkehrssicherheit, über eine mögliche maximale Beeinträchtigung und vor allem über die Zeitspanne in der Einstellungsphase, während der Beeinträchtigungen zu erwarten sind, **aufklären.**

Um sich nicht strafbar zu machen, muss allerdings jeder Medizinal-Cannabis-Patient vor Antritt der Fahrt kritisch prüfen, ob er fahrtauglich ist und gegebenenfalls auf das Fahren verzichten.

MISSBRÄUCHLICHER KONSUM:

Wird das zu medizinischen Zwecken vom Arzt verordnete Cannabis **missbräuchlich eingenommen,** kann die Fahrerlaubnis entzogen werden. Gleiches gilt für den **zusätzlichen Konsum** illegal beschafften Cannabis.

Schon ein erstmaliger Verstoß eines gelegentlichen Cannabiskonsumenten gegen das Gebot des Trennens von Konsum und Fahren begründet Bedenken gegen die Fahreignung und die Fahrerlaubnisbehörden haben gemäß **§ 46 Abs. 3 i.V.m. § 14 Abs. 1 Satz 3 FeV** nach pflichtgemäßem Ermessen über die Einholung eines medizinisch-psychologischen Gutachtens (MPU) – *im Volksmund Idiotentest* – zur Klärung der durch diese Fahrt begründeten Zweifel an der Fahreignung zu entscheiden. **Erforderlich sei eine Prognose, ob der Betroffene auch künftig nicht zwischen einem möglicherweise die Fahrsicherheit beeinträchtigenden Cannabiskonsum und dem Fahren trennen werde,** *Bundesverwaltungsgericht (BVerwG), Urteil vom 11. April 2019, Az. 3 C 13.17; 3 C 14.17; 3 C 7.18; 3 C 2.18; 3 C 8.18; 3 C 9.18).*

Während es für Alkohol am Steuer feste Grenzwerte der Blutalkoholkonzentration (BAK) gibt, existieren solche Grenzen im Bereich von Betäubungsmitteln, damit die Verkehrsordnungswidrigkeit nach § 24a StVG oder die Straftat der Trunkenheit im Straßenverkehr gegeben ist, nicht.
Es ist zwar bekannt, dass auch bei Cannabis eine Dosis-Wirkungsbeziehung vorhanden ist. Für Cannabis ist eine solche Abschätzung aus Mangel an

wissenschaftlichen Erkenntnissen bislang aber nicht zuverlässig möglich. (Gründe sind u. a. eine interindividuell stark verschiedene Bioverfügbarkeit sowie Anreicherungsphänomene.) Um bei einer Blutprobe den Nachweis für einen vorliegenden Cannabis-Konsum zu führen, wird der Wirkstoff THC im Blutserum[4] bestimmt.

Das *Bundesverfassungsgericht (BVerfG) hatte bereits in seinem Beschluss vom 21. Dezember 2004 - 1 BvR 2652/03* als möglichen Grenzwert – ohne dass dies entscheidungserheblich gewesen wäre – **1 (ng) THC pro Milliliter (ml) Blutserum** aufgeführt, was im Schrifttum als Hinweis auf eine Billigung verstanden worden war. Diesen sog. analytischen Grenzwert hat der Bundesgerichtshof (BGH) bestätigt *(Beschluss des BGH vom 14. Februar 2017, Az. 4 StR 422/15).*

Ab einem Wert von mindestens 1 ng THC pro Milliliter Blutserum kann auf ein objektiv und subjektiv sorgfaltswidriges Verhalten im Sinne des § 24a Abs. 2 und 3 StVG geschlossen, also von einer fahrlässig begangenen Ordnungswidrigkeit ausgegangen werden. Darunter – also unterhalb dieses analytischen Grenzwertes – ist „in dubio pro reo" (lat.: im Zweifel für den Angeklagten) nicht davon auszugehen.

Bußgeldrechtliche Folgen für Drogen am Steuer:

Beim ersten Mal: 500 Euro Bußgeld, zwei Punkte in Flensburg, Fahrverbot von einem Monat.

Beim zweiten Mal: 1.000 Euro Bußgeld, zwei Punkte in Flensburg, Fahrverbot von drei Monaten.

Beim dritten Mal: 1.500 Euro Bußgeld, zwei Punkte in Flensburg, Fahrverbot von drei Monaten.

HINWEIS: Für den Fall einer Polizeikontrolle empfiehlt es sich, eine Bescheinigung vom (Fach-)Arzt, in der die Fahreignung/Fahrtauglichkeit des MS-Patienten bestätigt wird, oder ein **ärztliches Attest/Cannabisausweis** mitzuführen. Mit diesen Dokumenten kann ein „legaler Cannabis-Konsum" bestätigt werden und der an MS erkrankte Patient kann dem Verdacht einer Drogenfahrt hiermit gegenüber der Polizei entgegentreten.
Es gibt derzeit aber keine Garantie dafür, dass das immer gelingt. Derzeit fehlt es (leider) noch an einem polizeisicheren Identifikationsmerkmal für Cannabispatienten.

---

[4] Ein Blutserum ist eine konzentrierte Blutprobe, die bei Verdacht auf Drogen einem Fahrzeuglenker abgenommen wird. Die Erzeugung erfolgt durch die Entfernung von Zellen und Gerinnungsfaktoren aus der Vollblutprobe.

Der MS-Erkrankte sollte einen **Schnelltest** (Urin-, Schweiß- oder Oberflächentest) mit dem Hinweis auf die bestimmungsgemäße Einnahme von THC ablehnen.

Einer **Blutentnahme** sollte der MS-Erkrankte ebenfalls nicht vorschnell zustimmen, da bei bestimmungsgemäßer Einnahme keine Ordnungswidrigkeit vorliegt, s. S. 23.
Wird diese allerdings seitens der Polizeibeamten bzw. des zuständigen Richters angeordnet, sollte sich der MS-Erkrankte nicht dagegen sperren, jedoch gleichzeitig einen Rechtsanwalt mit der Interessenwahrnehmen beauftragen, um dem Vorwurf einen Drogenfahrt entgegenzutreten.

b. Strafrechtliche Konsequenzen

Ein aufgrund ärztlicher Verordnung erlaubter Konsum von Cannabis lässt unter bestimmten Umständen die Anwendung strafrechtlicher Vorschriften ebenfalls nicht entfallen. Bei durch Alkohol, Cannabis-Konsum oder Arzneimittel (mit-)bedingter nachgewiesenen Fahrunsicherheit zur Fahrtzeit gelten auch die Straftatbestände des **§ 315c StGB (Gefährdung des Straßenverkehrs)** und des **§ 316 StGB (Trunkenheit im Verkehr).**

§ 316 StGB – Trunkenheit im Verkehr – lautet wie folgt:

*(1) **Wer im Verkehr (§§ 315 bis 315e) ein Fahrzeug führt, obwohl er infolge des Genusses alkoholischer Getränke oder anderer berauschender Mittel nicht in der Lage ist, das Fahrzeug sicher zu führen,** wird mit Freiheitsstrafe bis zu einem Jahr oder mit Geldstrafe bestraft, wenn die Tat nicht in § 315a oder § 315c mit Strafe bedroht ist.*

*(2) Nach Absatz 1 wird auch bestraft, wer die Tat **fahrlässig**[5] begeht.*

Andere berauschende Mittel sind **Betäubungsmittel** im Sinne des **Betäubungsmittelgesetz (BtMG).** Das sind solche Stoffe, die in den **Anlagen I – III zum BtMG** genannt werden, **z. B. Cannabis,** Kokain, Speed, LSD, Methamphetamin, Heroin, Ectasy (MDMA), Psilocybin (ein halluzinogen wirkendes Alkaloid, das in mehreren Pilzen vorkommt – „Magic Mushrooms") und diverse andere, z. B. „als berauschend anerkannte Medikamente".

Wie bereits auf S. 26 erwähnt, gibt es keine mit dem Alkohol vergleichbare Festlegung eines Cannabisgrenzwertes, ab dem eine **„absolute Fahruntüchtigkeit"** vorliegt. Das liegt darin begründet, dass:

---

[5] Fahrlässig handelt, wer die nötige Sorgfaltspflicht außer Acht lässt.

- die Wirkung verschiedener Substanzen auf Körper und Psyche sehr unterschiedlich ist und bei jeder Person anders ausfällt.

- der Abbau von Drogen nicht geradlinig wie bei Alkohol verläuft, weshalb eine genaue Bestimmung des Konsumzeitpunktes schwierig ist.

- mit illegalen Drogen keine umfangreichen Testreihen mit Freiwilligen durchgeführt werden können.

Beim Konsum von Cannabis kommt also allein die **relative Fahruntüchtigkeit** in Betracht.

Bei Drogen wie Cannabis lassen **rauschmittelbedingte Auffälligkeiten und Ausfallerscheinungen** (z. B. hektische Reaktionen, Schweißausbruch, Zittern, Unruhe, verlangsamte Aussprache/zeitweises Lallen, provokatives Verhalten, wässrig-glasige Augen, keine Lichtreaktion der Pupillen) den objektiven Rückschluss auf Drogenenthemmung zu.

Fahruntüchtigkeit besteht, wenn die Gesamtleistungsfähigkeit eines Fahrzeugführers so weit herabgesetzt ist, dass er nicht mehr befähigt ist, sein Fahrzeug im Straßenverkehr eine längere Strecke – auch bei plötzlich auftretenden schwierigen Verkehrslagen – sicher zu steuern. In welchen Fällen eine derartige Fahrunsicherheit vorliegt, bestimmt sich nach den Umständen des Einzelfalles.

> Drogentypische Auffälligkeiten bzw. Ausfallerscheinungen werden seitens der Polizei bei der Durchführung sog. Koordinationstests (Finger-Finger-, Finger-Nase-, Einbeinstand-Test usw.) festgestellt.

HINWEIS: **Die Medikamentenklausel als Ausnahmeregelung für Cannabispatienten gilt nur im Bereich der Verkehrsordnungswidrigkeit.**

Ist die Leistungsfähigkeit nach dem Konsum von medizinisch verschriebenem THC dergestalt eingeschränkt, dass es zu Fahrfehlern oder drogentypischen Auffälligkeiten kommt, verwirklicht der Fahrer den Straftatbestand der Trunkenheit im Straßenverkehr (s. o.).

Und schlimmer noch:

Wenn der Fahrer im Rauschzustand noch den Leib oder das Leben anderer Menschen oder fremder Sachen von bedeutenden Wert gefährdet (hierfür reicht ein „Beinahe-Unfall" aus), kommt zudem **§ 315 c StGB** zum Tragen, der eine Freiheitsstrafe **bis zu 5 Jahren** oder eine Geldstrafe vorsieht.

Der MS-Erkrankte muss außerdem mit versicherungsrechtlichen (Verlust des Versicherungsschutzes, Regressforderung durch die Versicherung) und privatrechtlichen Konsequenzen (Schadensersatzforderungen von eventuell geschädigten Dritten) rechnen.

4. Ausblick

Derzeit werden folgende Vorschläge diskutiert, um Rechtssicherheit zu schaffen:

> Gleichbehandlung von Cannabis als Medizin und anderen Medikamenten.

Cannabis sollte wie andere verschreibungspflichtige Medikamente behandelt werden. Eine gesonderte Regelung für Cannabispatienten sei nicht nötig. In der Praxis ist die Unterscheidung zwischen Freizeit-Konsumenten und Cannabispatienten allerdings schwierig.

> Erhöhung des zugelassenen Grenzwertes von THC im Blut.

Die Grenzwertkommission – eine fachübergreifende Arbeitsgruppe, die das Bundesministerium für Verkehr und digitale Infrastruktur berät –, spricht sich für eine generelle Anpassung des THC-Grenzwertes auf 3,0 Nanogramm pro Milliliter Blutserum aus (**www.bads.de/media/213543/blutalkohol_2015.pdf**, S. 322/323). Derzeit existiert jedoch noch keine Studie darüber wie sich die Einnahme von ärztlich verordnetem Cannabis auf das Fahrverhalten auswirkt.

> Die Ausstellung eines offiziellen, fälschungssicheren Ausweises für Medizinal-Cannabis-Patienten. Alle Seiten – Polizei, Patienten, Ärzteschaft und Verkehrsexperten – fordern ein solches Dokument.

VI. Haftungsfragen

Bei der Haftung gibt es Unterschiede zwischen Fahrer und Fahrzeughalter.

1. Fahrerhaftung

Bei der Fahrerhaftung handelt es sich um eine **Verschuldenshaftung**. Demnach ist der Fahrer zum Schadensersatz verpflichtet, wenn er beim Betrieb eines Fahrzeugs einen Personen- oder Sachschaden verursacht hat.

Fahrer ist, wer ein Kraftfahrzeug – berechtigt oder nicht – lenkt und die tatsächliche Gewalt über das Steuer hat.

Der Fahrer haftet im Schadenfall jedoch nur für Schadenereignisse, die schuldhaft, also fahrlässig oder vorsätzlich, herbeigeführt worden sind. Dies bedeutet, wenn sich der Fahrer selbst entlasten kann, indem er nachweist, nicht die Schuld am Schaden zu haben, haftet er nicht.

Die Verschuldenshaftung basiert auf **§ 18 StVG – Ersatzpflicht des Fahrzeugführers**:

(1) In den Fällen des § 7 Abs. 1 ist auch der Führer des Kraftfahrzeugs oder des Anhängers zum Ersatz des Schadens nach den Vorschriften der §§ 8 bis 15 verpflichtet. Ersatzpflicht ist ausgeschlossen, wenn der Schaden nicht durch ein Verschulden des Führers verursacht ist. [...]

(3) Ist in den Fällen des § 17 auch der Führer eines Kraftfahrzeugs oder Anhängers zum Ersatz des Schadens verpflichtet, so sind auf diese Verpflichtung in seinem Verhältnis zu den Haltern und Führern der anderen beteiligten Kraftfahrzeuge, zu den Haltern und Führern der anderen beteiligten Anhänger, zu dem Tierhalter oder Eisenbahnunternehmer die Vorschriften des § 17 entsprechend anzuwenden.

Für das **Führen des Fahrzeugs** ist wichtig, dass dieses **in Bewegung gesetzt** worden ist, das Anlassen des Motors oder Einlegen des Gangs ist hier nicht ausreichend.

Der Bundesgerichtshof (BGH) hat hierzu am 23.02.2006 entschieden:

„Führer eines Kraftfahrzeuges ist, wer das Fahrzeug in Bewegung zu setzen beginnt, es in Bewegung hält oder allgemein mit dem Betrieb des Fahrzeugs und/oder mit der Bewältigung von Verkehrsvorgängen beschäftigt ist (BGHSt 49, 8, 14). Dies ist, auch bei einem nicht verkehrsbedingten Halt, regelmäßig der Fall, wenn der Motor des Fahrzeugs noch in Betrieb ist (vgl. hierzu im Einzelnen BGH NJW 2005, 2564, 2565).“

Ausreichend kann daher beispielsweise sein:

- Das Schieben eines Fahrzeuges.

- Das Lenken eines Fahrzeuges, welches ohne Motorkraft rollt.

- Das Lenken und Bremsen eines abgeschleppten Fahrzeuges.

HINWEIS: In strittigen Fällen, z.B. bei einem Unfall, findet eine **Umkehr der Beweislast** statt. Das bedeutet: Es ist einerlei, ob der MS-Betroffene schuld an dem Unfall war oder nicht. Er hat zu beweisen, dass er zum gegebenen Zeitraum in der Lage war, ein Auto zu fahren.

Durch die Anpassung der Fahrerlaubnis an die veränderte Gesundheit, können Zweifel an der Fahrtauglichkeit von vornherein beseitigt werden.

2. Halterhaftung

Der Fahrzeughalter haftet im Rahmen der **Gefährdungshaftung**. Er ist verantwortlich für die Sicherheit des Fahrzeugs und den ordnungsgemäßen Betrieb[6] und steht im Fahrzeugschein. Er bestimmt somit auch darüber, wer das Fahrzeug fahren darf und wer nicht.
Er ist auch Ansprechpartner für Behörden oder die Polizei, wenn es z. B. Schwierigkeiten mit dem Fahrzeug gibt.

BESONDERHEIT: Der Fahrzeughalter muss das Fahrzeug nicht selbst gefahren sein. Die Haftung tritt bereits dadurch in Kraft, dass er eine „gefährliche Sache" in Umlauf gebracht hat, und zwar das Fahrzeug. Hierbei ist im ersten Schritt unerheblich, ob die Gefahr vom Fahrzeug selbst oder vom Fahrzeugführer ausgeht.

Ausgenommen aus der Haftung sind höhere Gewalt (Typischerweise ist das bei außergewöhnlichen Naturereignissen, z. B. Wirbelstürme, Erdbeben oder Brückeneinsturz, Tiere wie Pferde auf der Autobahn, oder bei vorsätzlichen Eingriffen Dritter in den Straßenverkehr der Fall.) und der Haftungsausschluss durch Schwarzfahrten, **§ 7 Absätze 2 und 3 STVG**, die beispielsweise entstehen, wenn jemand das Fahrzeug entwendet hat und infolgedessen ein Unfall passiert.

HINWEIS: Überlässt der **Fahrzeughalter** ein Fahrzeug an eine andere Person, haftet der Halter für Schäden mit, die beispielsweise durch den Einfluss von Alkohol oder Drogen beim Fahrzeugführer oder auch das Fahren ohne gültige Fahrerlaubnis entstehen.

Kann zudem nachgewiesen werden, dass der Halter seiner Pflicht nicht nachgekommen ist, das Fahrzeug nur an geeignete **Fahrzeugführer** überlassen zu haben, kann er ebenfalls dafür belangt werden.

Dies betrifft auch die Überlassung von Dienstfahrzeugen, bei der durch den Halter sichergestellt werden muss, dass der Fahrzeugführer im Besitz einer gültigen Fahrerlaubnis ist. Diese Feststellung erfolgt durch die regelmäßige, gesetzlich vorgeschriebene Führerscheinkontrolle.

---

[6] Dazu gehören z. B. funktionierende Sicherheitsgurte oder die richtige Bereifung, aber auch die Einhaltung der Termine für die Haupt- und die Abgasuntersuchung (s. Anhang, S. 54 f.).

VII. Erwerb der Fahrerlaubnis mit Multipler Sklerose

Für bereits an MS-Erkrankte ist der **Weg zum Führerschein** nicht unbedingt einfach, denn beim **Antrag auf Erteilung einer Fahrerlaubnis** (Beispiel für Kassel, s. Anhang 8) bei der **Fahrerlaubnisbehörde (Führerscheinstelle)** des Landkreises bzw. der Kreisfreien Stadt, in dem der MS-Erkrankte seinen Hauptwohnsitz hat, ist anzugeben, ob körperliche oder geistige Erkrankungen/Behinderungen vorliegen.

Quelle: Bundesdruckerei GmbH

VORSICHT: Ein Verschweigen kann im Falle eines Unfalls zu Problemen mit der Versicherung führen.

Basierend auf den Angaben des MS-Erkrankten entscheidet die Fahrerlaubnisbehörde, ob ärztliche Gutachten beizubringen sind, die die Auswirkung der Behinderung im Straßenverkehr feststellen. Dies kann bei Neu- oder Wiederbeantragung eines Führerscheins, aber auch nach Unfällen oder Auffälligkeiten bei Fahrzeugkontrollen geschehen.

Ziel solcher Gutachten ist es, dem Antragsteller eine Bescheinigung für seine Verkehrssicherheit ausstellen zu können.

Wird diese Bescheinigung nicht erteilt, kann der an MS erkrankte Führerscheinanwärter den Führerschein nicht erwerben.

HINWEIS: An MS erkrankte Führerscheinanwärter sollten die **Fahrschule** daher besonders sorgsam auswählen und sich beraten lassen, ob die MS-Erkrankung dem Erwerb des Führerscheins im Wege steht oder nicht.

Adressen erhalten Betroffene über die Bundesvereinigung der Fahrlehrerverbände e. V., im Internet: **www.fahrlehrerverbaende.de**.

HINWEIS: **Besitzt der MS-Erkrankte bereits einen Führerschein** und tritt die Erkrankung erst danach ein, ist der/die Betroffene nicht verpflichtet, die Erkrankung von sich aus der zuständigen Fahrerlaubnisbehörde zu melden. **Es gelten allerdings die in den vorstehenden Kapiteln beschriebenen Darlegungen zur Fahreignung.**

Zum **Erhalt seiner Fahrtauglichkeit** ist der Führerscheininhaber auch

verpflichtet, dafür zu sorgen, dass sein Fahrzeug möglicherweise um-
gerüstet oder angepasst wird.

Wird die Fahrerlaubnisbehörde von Dritten (z. B. von Verwandten, Nachbarn, der Polizei) auf erhebliche gesundheitliche Beeinträchtigungen eines Führerscheininhabers hingewiesen und begründen **konkrete Tatsachen** Zweifel an der Fahreignung, kann sie den MS-Erkrankten aber auch auffordern, seine Fahreignung durch ein ärztliches Gutachten nachzuweisen (s. bereits S. 17).

Selbst der an MS erkrankte Fahrradfahrer, der am Verkehr teilnimmt und aufgrund seines Gesundheitszustands oder infolge von Medikamentenwirkungen einen Unfall verursacht, kann seinen Führerschein verlieren. Bei entsprechendem Verdacht macht die Polizei eine Mitteilung an die Fahrerlaubnisbehörde, die dann den MS-Erkrankten auffordert, die Fahrtauglichkeit überprüfen zu lassen.

KOSTEN: Die Gutachterkosten sind vom MS-Erkrankten zu tragen. Die Höhe ist stets vom Einzelfall abhängig und hängt auch davon ab, welche Untersuchungsmethoden zum Einsatz kommen und über welche Qualifikation ein Gutachter verfügt.

Wann die Fahreignung angezweifelt werden kann oder sie sogar verloren geht, definiert § 11 Fahrerlaubnis-Verordnung (FeV) – Eignung:

*Die Anforderungen sind insbesondere nicht erfüllt, wenn **eine Erkrankung** oder ein Mangel (...) **vorliegt, wodurch die Eignung oder die bedingte Eignung zum Führen von Kraftfahrzeugen ausgeschlossen wird.** Außerdem dürfen die Bewerber nicht erheblich oder nicht wiederholt gegen verkehrsrechtliche Vorschriften oder Strafgesetze verstoßen haben, sodass dadurch die Eignung ausgeschlossen wird.*

Bei Zweifeln an der Fahrtauglichkeit hat die Fahrerlaubnisbehörde grundsätzlich drei Möglichkeiten. Sie kann

➢ ein fachärztliches Gutachten,

➢ eine medizinisch-psychologische Untersuchung (MPU)

oder

➢ ein technisches Gutachten

anfordern.

1. Fachärztliches Gutachten

Ein **fachärztliches Gutachten** gibt Auskunft, wie es um die Verkehrstauglichkeit im Allgemeinen bestellt ist und ob zusätzliche Maßnahmen wie etwa Fahrstunden notwendig sind.

Der Ablauf der Begutachtung ist stets abhängig von der jeweiligen Fragestellung bezüglich der Fahreignung.

Je nach Erkrankung oder Mangel kommen daher auch andere Untersuchungsmethoden zum Einsatz, weshalb es keinen standardisierten Ablauf geben kann.

Bei der medizinischen Untersuchung werden verschiedenste Punkte geprüft:

> Bestehen aus medizinischer Sicht Bedenken?

> Welche Medikamente werden eingenommen und handelt es sich um solche, die die Sicherheit im Straßenverkehr einschränken?

> Ist der Krankheitsverlauf progressiv – meint: voranschreitend (progredient) – oder statisch (stabil)?

Nach dem Gesetz (§ 11 **Absatz 2 Satz 3 FeV**) kommen dafür in Betracht:

- Fachärzte mit verkehrsmedizinischer Qualifikation,
- Ärzte des Gesundheitsamtes oder der öffentlichen Verwaltung,
- Ärzte mit der Gebietsbezeichnung "Arbeitsmedizin" oder der Zusatzbezeichnung "Betriebsmedizin",
- Ärzte einer Begutachtungsstelle.

HINWEIS: Ausgeschlossen ist allerdings der behandelnde Arzt. Ansonsten besteht freie Arztwahl (s. oben rechts).

Hat der MS-Erkrankte sich für einen Arzt mit verkehrsmedizinischer Qualifikation entschieden, muss er die Fahrerlaubnisbehörde darüber informieren, denn diese nimmt Kontakt mit dem Arzt auf und erörtert die Fragestellung, welche im Gutachten geklärt werden soll.

Der Arzt beurteilt, ob weitere Maßnahmen notwendig sind. Dazu zählen z. B. zusätzliche Fahrstunden, der Besuch beim Augenarzt oder bei kognitiven Einschränkungen ein Neuropsychologe, der den MS-Erkrankten im Sinne einer medizinisch-psychologischen Untersuchung (MPU) auf Eignung prüfen kann, um zu entscheiden, ob trotz MS der Führerschein behalten werden darf.

Das ärztliche Gutachten für den Führerschein darf nicht mit der MPU verwechselt werden. Beide untersuchen zwar die Fahreignung, allerdings ist ein fachärztliches Gutachten für den Führerschein weniger umfangreich als die MPU.
Es muss auch nicht zwingend durch eine Begutachtungsstelle für Fahreignung (BfF) durchgeführt werden.

Wenn die Fahreignung positiv festgestellt wird, steht nach bestandenen Prüfungen dem Fahrerlaubniserwerb nichts mehr im Wege.
Je nach Ergebnis ist es allerdings auch möglich, dass die Fahrerlaubnisbehörde eine Überprüfung der Fahreignung vornehmen lässt, etwa eine **medizinisch-psychologische Untersuchung.**

2. Medizinisch-psychologische Untersuchung (MPU)

Gelegentlich müssen MS-Erkrankte eine MPU hinter sich bringen, um feststellen zu lassen, ob sie auch wirklich fahrtüchtig sind. Sie wird von der Führerscheinbehörde angeordnet und stellt eine Prognose zur Verkehrsbewährung des Antragstellers und dient als Hilfe zur Vorbereitung der Entscheidung über die Entziehung und Neuerteilung der Fahrerlaubnis. Der MS-Erkrankte trägt alle Kosten der MPU selbst.[7]

Die **MPU** setzt sich aus folgenden Teilen zusammen:

➤ **Fragebögen,** die vom Patienten ausgefüllt werden müssen, dienen als Vorbereitung des Arzt- und Psychologengesprächs

➤ **Leistungstests** zur Prüfung der Reaktions- und Wahrnehmungsfähigkeit sowie der Reaktionsgeschwindigkeit, wobei der Testumfang nicht immer gleich ist.

➤ **Medizinischer Bereich:** körperlicher Allgemeinzustand, Sinnesfunktionen, fachärztlicher Befund, neurologischer Befund (falls erforderlich), Medikamenteneinnahme, Blut- oder Urinuntersuchung findet nur bei Alkohol- und/oder Drogenfragestellung statt.

➤ **Psychologischer Bereich:** Wahrnehmung, Aufmerksamkeit, Orientierung, Reaktion, Belastbarkeit. Im Gespräch mit dem Arzt und Psychologen geht es um die Einstellungen zum Straßenverkehr (Vorausschauen, Planen, Erkennen von Gefahren), aber auch um die Fähigkeit zur Selbsteinschätzung und den Umgang mit Schwierigkeiten.

TIPP: Teilnehmer sollten für die MPU ausreichend Zeit einplanen und zu Hause normal frühstücken, wichtige Dokumente wie Ausweis und eventuell Arztberichte (Vorteil: Damit kann der Verkehrsmediziner sich einen guten Überblick über den Krankheitsverlauf verschaffen.) mitnehmen, (falls nötig) eine Lesebrille und ggfs. eine Kleinigkeit zum Essen.

Ablauf einer MPU

Nach der Anmeldung und Prüfung der Personalien müssen die Teilnehmer einige Fragebögen ausfüllen.

An einem Computertestgerät wird geprüft, ob die in den Bereichen Wahrnehmung, Konzentration und Reaktion erforderlichen Fähigkeiten vorliegen.

---

[7] Bereits seit dem 01.08.2018 gilt eine Neuregelung für die Gebühren, die für die MPU anfallen. Bislang wurde der Gebührensatz nach der Gebührenordnung für Maßnahmen im Straßenverkehr (GebOSt) gesetzlich festgesetzt. Nun können die Begutachtungsstellen den Gebührensatz für das Gutachten zur Fahreignung frei wählen. Für den jeweiligen Einzelfall empfiehlt es sich daher, die Kosten bei der angedachten MPU-Stelle abzufragen.

Es folgt die medizinische Untersuchung, die je nach Grund für die MPU aus verschiedenen Teilen besteht. Auf eine allgemeine körperliche folgt eine neurologische Untersuchung der Reflexe und Nervenfunktionen und anlassbezogen beispielsweise eine Untersuchung von alkohol- oder drogenspezifischen Befunden.

Schließlich ist ein psychologisches Gespräch von etwa einer dreiviertel Stunde fällig. Nach etwa zwei Wochen erhält der Prüfling ein schriftliches Gutachten mit dem endgültigen Untersuchungsergebnis.

3. Technisches Gutachten

Die Fahrerlaubnisbehörde kann schließlich ein **technisches Gutachten** einer Technischen Prüfstelle (häufig: TÜV oder DEKRA) fordern.

Je nach Situation können zum Ausgleich von Beeinträchtigungen gewisse Umbauten und/oder Anpassungen am Fahrzeug notwendig werden.

Beispiele:
- Sitzanpassungen
- Hilfen zum Türöffnen
- Ein- und Ausstiegshilfen
- Lenkhilfen, leichtgängige Lenkung
- Bremssystem zum Ausgleich fehlender Muskelkraft
- Schalthebelhilfen
- Handgeräte für Blinker, Hupe usw. (s. Abb. rechts)
- Verladehilfen für die Mitnahme eines Rollstuhls
- Heck- und Seiteneinstiegsumbau

Sind Fahrzeugumbauten/Anpassungen notwendig, müssen diese amtlich geprüft sein und dürfen nur von Fachwerkstätten durchgeführt werden.

Sie müssen ggfs. in die Fahrzeugpapiere und auch in den Führerschein über Schlüsselziffern eingetragen werden. Die Zahlenschlüssel sind EU-weit vereinheitlicht und ermöglichen es fachkundigen Personen zu sehen, welche behindertengerechte Umrüstung der Betroffene zur sicheren Benutzung eines Fahrzeugs benötigt.

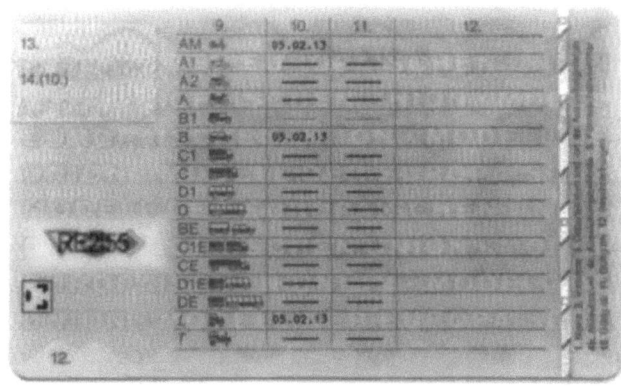

Quelle: Bundesdruckerei GmbH

Schlüsselzahl	Erklärung
01	Sehhilfe und/oder Augenschutz, wenn durch ärztliches Gutachten ausdrücklich gefordert:

Schlüsselzahl	Erklärung
01.01	Brille
01.02	Kontaktlinsen
01.03	Schutzbrille
02	Hörhilfe/ Kommunikationshilfe
03	Prothese/ Orthese der Gliedmaßen
05	Fahrbeschränkung aus medizinischen Gründen:
05.01	Nur bei Tageslicht
05.02	In einem Umkreis von … km des Wohnsitzes oder innerorts/ innerhalb der Region …
05.03	Ohne Beifahrer/Sozius
05.04	Beschränkt auf eine höchstzulässige Geschwindigkeit von nicht mehr als … km/h
05.05	Nur mit Beifahrer, der im Besitz der Fahrerlaubnis ist
05.06	Ohne Anhänger
05.07	Nicht gültig auf Autobahnen
05.08	Kein Alkohol
10	Angepasste Schaltung
(…)	(…)

(Auszug)

EU-weit gültige Schlüsselzahlen (hier: Auszug aus der **Verordnung über die Zulassung von Personen zum Straßenverkehr (Fahrerlaubnis-Verordnung - FeV) Anlage 9 (zu § 25 Absatz 3) Verwendung von Schlüsselzahlen für Eintragungen in den Führerschein**)

KFZ-Umbaubetriebe haben sich darauf eingestellt und bieten bei motorischen Einschränkungen eine Vielfalt von Möglichkeiten zur Fahrzeugumrüstung an. I. d. R. liegen ihnen im Hinblick auf die Anforderungen der entscheidenden Institutionen/Behörden (z. B. TÜV/DEKRA, Zulassungsstelle, Kostenträger, medizinisches/technisches Eignungsgutachten, Fahrerlaubnis, Leihwagen, Fahrschule usw.) auch alle notwendigen Informationen vor.

Einige Betriebe haben sogar eigene „Fahrschulabteilungen" oder bieten zusätzliche Leistungen an wie z. B. direkte Abrechnung mit den Kostenträgern, Erledigung von Formalitäten, Behördengängen usw.

In Deutschland sind +/- 75 Betriebe auf die Umrüstung von Fahrzeugen spezialisiert. Wertvolle Informationen bietet auch das Internetportal: **www.autoanpassung.de**, welches mit dem ADAC zusammenarbeitet.

Dank technologischen Fortschritts bedeutet die Diagnose MS somit nicht automatisch, dass der an MS Erkrankte nicht mehr Auto fahren kann.

Um die Umrüstung eines Wagens müssen sich Betroffene selbst kümmern.

Will der Autofahrer mit Behinderungen diese ändern, ergänzen oder streichen lassen, weil sich z.B. sein gesundheitlicher Zustand verbessert hat, muss er das bei der Führerscheinbehörde erneut beantragen.

Nur die Behörde kann ein erneutes technisches Gutachten veranlassen.

Um das technische Gutachten abzuschließen, muss in einigen Fällen auch eine **Fahrprüfung** mit einem aaSoP, also einem „allgemein anerkannten Sachverständigen oder Prüfer" absolviert werden.

TIPP: Falls eine Fahrprüfung erforderlich ist, empfiehlt es sich, vorab einige Fahrstunden zu nehmen.

Liegen der Fahrerlaubnisbehörde alle notwendigen Unterlagen vor, entscheidet sie schließlich über die Fahrtauglichkeit des Betroffenen.

HINWEIS: Kommt der Betroffene der Forderung der Fahrerlaubnisbehörde zur Erstellung o.g. Gutachten oder der praktischen Fahrprobe nicht nach, kann der Führerschein eingezogen werden.

VIII. Autokauf und finanzielle Hilfen zum Erreichen des Arbeitsplatzes

1. Rabatte beim Autokauf

Zahlreiche Fahrzeughersteller räumen **Menschen mit Schwerbehinderung** beim Neuwagenkauf einen Rabatt ein.

Schwerbehindert ist, wer einen Grad der Behinderung (GdB) von mindestens 50 zuerkannt bekommen hat und seinen Wohnsitz, seinen gewöhnlichen Aufenthalt oder eine Beschäftigung auf einem Arbeitsplatz im Sinne des § 156 SGB IX rechtmäßig im Bundesgebiet hat.

Einige Hersteller fordern daneben die **Zuerkennung eines Merkzeichens:** „G" (Beeinträchtigung der Bewegungsfähigkeit), „aG" (außergewöhnliche Gehbehinderung), „Bl" (Blindheit), „H" (Hilflosigkeit).

Das Fahrzeug muss auf den Menschen mit Schwerbehinderung selbst zugelassen werden. Das kann allerdings auch ein Kind mit Behinderung sein.

Der Bund behinderter Autobesitzer e. V. (BbAB) hat eine Rabattliste der einzelnen Hersteller zusammengestellt. Interessierte finden die **Rabattliste** auf der Internetseite: **www.bbab.de** unter „Behindertenrabatt nach Marken.

2. Leistungen der Kraftfahrzeughilfe

Kraftfahrzeughilfe erhalten behinderte Menschen als Zuschuss zum Kauf eines Autos, zum Führerschein oder zur behindertengerechten Ausstattung eines Autos, um dadurch den Arbeitsort, den Ort der beruflichen oder schulischen Ausbildung oder eine Werkstatt für Behinderte zu erreichen oder wenn nur damit die Eingliederung in das Berufsleben oder die soziale Eingliederung (Teilhabe am Leben in der Gesellschaft) ermöglicht werden kann.

a. Gesetzliche Vorschriften

Die rechtliche Grundlage für die Kraftfahrzeughilfe findet sich im **SGB IX in Verbindung mit der Kraftfahrzeughilfeverordnung (KfzHV).**

Die Leistungen der Kraftfahrzeughilfe werden je nach Zuständigkeit durch einen Rehabilitationsträger (gesetzliche Unfallversicherung, gesetzliche Rentenversicherung, Träger der Kriegsopferfürsorge, Bundesagentur für Arbeit) oder auch durch die Integrationsämter erbracht (Details siehe Lit. b, nachfolgende Seite).

Kraftfahrzeughilfe erhalten behinderte Menschen

- *abhängig von ihrem Einkommen* zum **Kauf eines Kraftfahrzeuges** oder zur **Erlangung der Fahrerlaubnis**

oder

- *unabhängig vom Einkommen* zur **behindertengerechten Ausstattung eines Kraftfahrzeuges.**

Damit ein Anspruch auf Übernahme von Anschaffungs-, Betriebs- und/oder Reparaturkosten besteht, müssen folgende **Voraussetzungen** erfüllt sein:

➤ Kraftfahrzeughilfe wird nur geleistet, wenn der Antragsteller auf die Benutzung eines eigenen Kraftfahrzeuges **angewiesen** ist.

Die Benutzung öffentlicher Verkehrsmittel (oder Fahrdienste) muss behinderungsbedingt unmöglich sein oder es gibt für die zurückzulegenden Strecken keine öffentlichen Verkehrsmittel (oder Fahrdienste) *(vgl. Bundessozialgericht (BSG), Urteil vom 26. August 1992, Az. 9 b RAR 14/91).*

➤ Die Benutzung des Kfz muss **regelmäßig** (nicht nur vorübergehend) erfolgen.

➤ der **Antragsteller muss das Kfz selbst führen können oder nachweisen, dass ein Dritter das Kfz für ihn führt,** z. B. um ihn zum Arbeitsort zu fahren.

➤ der **Antragsteller darf nicht schon über ein Kraftfahrzeug verfügen, dessen weitere Benutzung ihm zumutbar ist**.

 **BLICK IN DIE RECHTSPRECHUNG**

Ein **Träger der Eingliederungshilfe** kann zur Kostenübernahme eines behindertengerechten Kraftfahrzeuges verpflichtet sein,

• wenn das Kraftfahrzeug **zur Ausübung umfangreicher ehrenamtlicher Tätigkeiten** benötigt wird *(vgl. dazu Bundessozialgericht, Urteil vom 23.08.2013, Az. B 8 SO 24/11).*

• wenn behinderte Eltern das gewünschte Kraftfahrzeug u. a. benötigen, **um ihre Kinder zu Freizeitaktivitäten und zur Schule bringen können und dies mit dem ÖPNV oder Fahrdiensten nur unzureichend möglich ist** *(s. Sozialgericht Detmold, Urteil vom 2. März 2020, Az. S 11 SO 255/18).*

Die Eingliederungshilfe soll „die Begegnung und den Umgang mit anderen Menschen im Sinne einer angemessenen Lebensführung" sichern.

b. Kostenträger

Die **Rentenversicherungsträger** leisten Kraftfahrzeughilfe nur, wenn die **versicherungsrechtlichen Voraussetzungen** für Leistungen zur Teilhabe am Arbeitsleben *(u. a. entweder die Wartezeit (= Mindest-Vorversicherungszeit) von 15 Jahren oder der Versicherte bezieht eine Rente wegen verminderter Erwerbsfähigkeit)* und auch **persönliche Voraussetzungen** erfüllt sind.

Dies ist dann der Fall, wenn

- bei einer erheblichen Gefährdung der Erwerbsfähigkeit die Minderung der Erwerbsfähigkeit voraussichtlich abgewendet werden kann,

- bei einer bereits geminderten Erwerbsfähigkeit voraussichtlich eine wesentliche Besserung oder Wiederherstellung der Erwerbsfähigkeit erfolgen kann oder eine wesentliche Verschlechterung abgewendet wird oder

- bei einer teilweisen Erwerbsminderung mit der Kraftfahrzeughilfe ein Arbeitsplatz (auch in Teilzeit) erhalten werden kann.

Erwerbsfähige Hilfebedürftige mit Aussicht auf Arbeitsplatz, Auszubildende und Arbeiter und Angestellte, die weniger als 15 Jahre im Berufsleben stehen, wenden sich an die **Agentur für Arbeit**.

Ist die Behinderung beziehungsweise chronische Erkrankung durch einen Arbeitsunfall oder eine Berufskrankheit entstanden, ist die gesetzliche Unfallversicherung beziehungsweise die **Berufsgenossenschaft** zuständig.

Bei Selbständigen, Freiberuflern und Beamten sind die **Integrationsämter/Inklusionsämter** zuständig.

Bei Schülern empfiehlt sich die Kontaktaufnahme mit der **Schulverwaltung**.

Noch nicht oder nicht mehr berufstätige Behinderte (z. B. Studenten, Rentner, Hausfrauen u. a.) wenden sich an den für den Wohnort zuständigen **Träger der Eingliederungshilfe**. (Eine abweichende Beurteilung der örtlichen Zuständigkeit kann sich ergeben, wenn bereits Leistungen für eine Betreuung über Tag und Nacht bezogen werden oder wenn ein Umzug erfolgt oder erfolgt ist.)

HINWEIS: Krankenkassen erbringen in der Regel **keine** Kraftfahrzeughilfeleistungen.

c. Art und Höhe der Förderung

Die Höhe des **Zuschusses** zum Kaufpreis des Kraftfahrzeuges ist abhängig vom Nettoeinkommen des Antragstellers und kann maximal 9.500,00 € betragen. Für einen darüber hinausgehenden Betrag muss der MS-Erkrankte wie jeder andere, nichtbehinderte Autokäufer selbst aufkommen.

Eine **Ausnahme** hiervon besteht, wenn ein Fahrzeug mit einem höheren Kaufpreis wegen der Art oder Schwere der Behinderung zwingend erforderlich ist. Bei der

Berechnung des Höchstbetrages werden – sofern vorhanden – der Verkehrswert des vorhandenen Altfahrzeuges und – falls gewährt – Zuschüsse öffentlich-rechtlicher Stellen in Abzug gebracht.

Bei einem **Netto-Einkommen** bis:	beträgt der **Zuschuss:**
1.275 € (40 v. H. der mtl. Bezugsgröße West) 1.204 € (40 v. H. der mtl. Bezugsgröße Ost)	9.500 € (100 v. H.)
1.435 € (45 v. H. der mtl. Bezugsgröße West) 1.354 € (45 v. H. der mtl. Bezugsgröße Ost)	8.360 € (88 v. H.)
1.595 € (50 v. H. der mtl. Bezugsgröße West) 1.505 € (50 v. H. der mtl. Bezugsgröße Ost)	7.220 € (76 v. H.)
1.755 € (55 v. H. der mtl. Bezugsgröße West) 1.655 € (55 v. H. der mtl. Bezugsgröße Ost)	6.080 € (64 v. H.)
1.915 € (60 v. H. der mtl. Bezugsgröße West) 1.806 € (60 v. H. der mtl. Bezugsgröße Ost)	4.940 € (52 v. H.)
2.075 € (65 v. H. der mtl. Bezugsgröße West) 1.960 € (65 v. H. der mtl. Bezugsgröße Ost)	3.800 € (40 v. H.)
2.230 € (70 v. H. der mtl. Bezugsgröße West) 2.107 € (40 v. H. der mtl. Bezugsgröße Ost)	2.660 € (28 v. H.)
2.390 € (75 v. H. der mtl. Bezugsgröße West) 2.260 € (75 v. H. der mtl. Bezugsgröße Ost) *über 2.390 € bzw. 2.260 € kein Zuschuss!*	1.520 € (16 v. H.)

Die vorstehenden Werte *(immer gerundet auf volle 5 €)* gelten für das Jahr 2020 (**Bitte beachten:** Die Werte werden kalenderjährlich angepasst.).

Vom Einkommen sind für jeden vom behinderten Antragsteller unterhaltenen Familienangehörigen 12 v. H. der monatlichen Bezugsgröße des § 18 SGB IV in 2020 (mtl. Bezugsgröße West: 3.185 € oder mtl. Bezugsgröße Ost: 3.010 €) abzuziehen.

WICHTIG: Beim **Kauf eines gebrauchten Kraftfahrzeuges** muss dessen Wert noch mindestens 50 Prozents des Neuwerts betragen.

Ein Zuschuss zur erneuten Beschaffung eines Kraftfahrzeugs ist frühestens **nach 5 Jahren** denkbar.

d. Erlangung einer Fahrerlaubnis

Der Zuschuss zur Erlangung eines Fahrerlaubnis ist ebenfalls einkommensabhängig.

Bei einem Nettoeinkommen (hier: Bsp. MS-Erkrankter mit Wohnort Hannover, Niedersachsen):

- bis 1.275 € (bis 40 v. H. der jeweiligen mtl. Bezugsgröße West) werden die Kosten voll getragen.

- bis 1.755 € (bis zu 55 v. H. der jeweiligen mtl. Bezugsgröße West) werden 2/3 der Kosten getragen.

- bis 2.390 € (bis zu 75 v. H. der jeweiligen mtl. Bezugsgröße West) werden 1/3 der Kosten getragen.

Die Einkommensgrenzen richten sich auch hier nach der monatlichen Bezugsgröße West/Ost und auch hier sind vom Einkommen für jeden vom Versicherten unterhaltenen Familienangehörigen ebenfalls 12 v. H. der jeweiligen mtl. Bezugsgröße *(immer gerundet auf volle 5 €)* abzuziehen.

WICHTIG: Zuschüsse öffentlich-rechtlicher Stellen werden angerechnet.

Etwaige Kosten für behinderungsbedingte Untersuchungen, Ergänzungsprüfungen und Eintragungen in vorhandene Führerscheine werden in voller Höhe übernommen.

e. Behinderungsbedingte Zusatzausstattung

Die behinderungsgerechte Zusatzausstattung einschließlich Einbau- und Reparaturkosten für das Kraftfahrzeug übernehmen Rentenversicherungsträger, Berufsgenossenschaften und das Integrationsamt in vollem Umfang und unabhängig vom Einkommen. Darunter fallen z. B. die Getriebeautomatik, das Handbediengerät, Bremskraftverstärker, Lenkhilfen, höhenverstellbare und schwenkbare Sitze, die Standheizung, eine Auffahrrampe.

Was förderungsfähig ist, lässt sich nicht allgemein skizzieren, aber den Umrüstbetrieben liegen im Hinblick auf die Anforderungen der entscheidenden Institutionen/Behörden (z. B. TÜV/DEKRA, Zulassungsstelle, Kostenträger, medizinisches/technisches Eignungsgutachten, Fahrerlaubnis, Leihwagen, Fahrschule) i. d. R. alle nötigen Informationen vor.

Alle technischen Veränderungen und Umbauten, die MS-Erkrankte an ihrem Fahrzeug vornehmen lassen, müssen ohnehin abgenommen werden, entweder durch den TÜV oder die DEKRA.

Die Veränderungen werden dann von der Fahrerlaubnisbehörde in den Fahrzeugschein eingetragen.

Wertvolle Informationen bietet auch das Internetportal: **www.autoanpassung.de**, welches mit dem ADAC zusammenarbeitet.

HINWEIS: 1. Antragstellung, 2. Zusage abwarten und 3. dann erst ein Auto kaufen oder mit dem Führerschein beginnen. **Ohne vorherige Kostenzusage besteht kein Anspruch auf die Übernahme der Kosten.**

3. Steuerbefreiung oder -ermäßigung

Für Fahrzeuge, die auf mobilitätseingeschränkte Personen zugelassen sind, sieht das Kraftfahrzeugsteuergesetz (KraftStG) Vergünstigungen in Form einer Steuerbefreiung oder Steuerermäßigung um 50 % vor.

- **Steuerbefreiung** für schwerbehinderte Menschen mit Merkzeichen „H", Merkzeichen „Bl" oder Merkzeichen „aG".

   Zusätzlich können diese schwerbehinderten Menschen auch die **unentgeltliche Beförderung in öffentlichen Verkehrsmitteln** (ÖPNV) in Anspruch nehmen.

- **Steuerermäßigung um 50 %** für schwerbehinderte Menschen mit Merkzeichen „G", Merkzeichen „Gl" (Gehörlosigkeit) oder ohne Merkzeichen, aber mit orangefarbener Fläche beim Schwerbehindertenausweis.

   Alternativ können diese schwerbehinderten Menschen die **unentgeltliche Beförderung in Öffentlichen Verkehrsmitteln** in Anspruch nehmen.

IX. Umtauschfristen für PKW-Führerscheinumschreibungen

Umtauschfristen für Scheckkartenführerscheine

Ausstellungsjahr	Umtauschfrist
1999 - 2001	19.01.2026
2002 - 2004	19.01.2027
2005 - 2007	19.01.2028
2008	19.01.2029
2009	19.01.2030

Alle **vor dem 19. Januar 2013 ausgestellten Pkw-Führerscheine** sind - egal, ob es sich um den grauen oder rosafarbenen „Lappen" handelt oder bereits um einen Karten-Führerschein - nicht mehr unbegrenzt gültig.

Ausstellungsjahr	Umtauschfrist
2010	19.01.2031
2011	19.01.2032
2012 - 18.1.2013	19.01.2033

Umtauschfristen für Papierführerscheine

Geburtsjahr	Umtauschfrist
vor 1953	19.01.2033
1953 - 1958	19.01.2022
1959 - 1964	19.01.2023
1965 - 1970	19.01.2024
ab 1971	19.01.2025

Um den Führerschein umzutauschen, müssen der Betroffene **persönlich** bei der zuständigen Fahrerlaubnisbehörde **erscheinen** und den alten Führerschein, den Personalausweis sowie ein biometrisches Passbild[8] mitbringen.

Für den neuen Führerschein ist eine Gebühr i. H. v. 25 € zu entrichten.

HINWEIS: Der Führerschein wird umgetauscht, also ohne Untersuchung oder Prüfung bei den normalen Motorrad- und Pkw-Klassen. Wer dennoch weiter mit seinem alten Pkw- oder Motorrad-Führerschein fährt und die Frist für den Umtausch verstreichen lässt, muss mit einem Verwarnungsgeld rechnen. Man begeht aber keine Straftat – anders bei Lkw- und Bus-Führerscheinen.

Die neuen Führerscheine sind dann nur noch 15 Jahre gültig und müssen dann wieder erneuert werden.

---

[8] Hierunter wird ein Foto verstanden, das so aufgenommen wurde, dass ein digitales System die abgebildete Person anhand bestimmter Erkennungsmerkmale identifizieren kann.

X. Fazit

Die Diagnose Multiple Sklerose bedeutet nicht automatisch, dass MS-Erkrankten die Fähigkeit, sich sicher im Straßenverkehr zu bewegen, oder die Fahrtauglichkeit abgesprochen werden kann oder wird.

Der MS Erkrankte darf immer dann selbst ein Kraftfahrzeug fahren, wenn die Erkrankung seine Fahrweise nicht so beeinträchtigt, dass er seine eigene sowie die Sicherheit der anderen Verkehrsteilnehmer nicht mehr gewährleisten kann.

Da die Krankheit bei jedem Betroffenen anders verläuft und verschiedene Symptome aufweist, die im Leben unterschiedlich ausgeprägt sein können, muss der MS-Erkrankte sich allerdings immer wieder selbstkritisch mit seinen chronischen Eignungsmängeln auseinandersetzen.

Es besteht eine **gesetzliche Vorsorgepflicht.**

Beim geringsten Zeichen für eine Beeinträchtigung der Fahrtüchtigkeit sollte der MS-Erkrankte das Auto unbedingt stehen lassen.

Dreh- und Angelpunkt sind somit eine gute Selbsteinschätzung und ein hohes Verantwortungsbewusstsein.

Der MS-Erkrankte muss sich selbst gegenüber ehrlich sein, d. h. er muss sich und seine Funktionsbeeinträchtigungen selbstkritisch hinterfragen:

- **Fühle ich mich ausgeruht und so fit, dass ich Auto fahren kann?** (Pausenmanagement hinterfragen, evtl. auf Fahrten in einem bestimmten Umkreis des Wohnsitzes oder auf bekannte Strecken beschränken, evtl. auf Radiohören und auf Gespräche mit dem Beifahrer verzichten, nicht unbedingt zur Hauptverkehrszeit unterwegs sein o. ä.)

- **Wie sieht es mit dem Sehen aus?** (Man kann sich z. B. auf Tagfahrten beschränken.)

- **Wie steht es mit der Beweglichkeit oder anderen Funktionsbeeinträchtigungen?** (Immer kritisch hinterfragen, evtl. über eine Fahrzeugumrüstung nachdenken.)

- **Beeinflussen Medikamente, die ich eingenommen habe, meine Fahrtüchtigkeit?** (Wirkungen und Nebenwirkungen sind nicht zu unterschätzen.)

- **Habe ich Blasenprobleme?** (Vor Fahrtantritt sollte die Toilette aufgesucht werden.)

- **Habe ich Probleme mit Hitze?** (Die Funktion der Klimaanlage sollte überprüft werden. Evtl. kann es auch hilfreich sein, die Fahrt zu einem anderen Zeitpunkt zu machen.)

- **Kann ich evtl. auf öffentliche Verkehrsmittel ausweichen?** (Schon die örtliche Betäubung beim Zahnarzt kann die Fahrtüchtigkeit beeinträchtigen.)

Beim Thema „MS und Autofahren" sollte der MS-Erkrankte mit dem behandelnden und betreuenden (Fach-)Arzt im regelmäßigen Austausch stehen (nichtamtliche informelle, Abklärung der Fahreignung). Hinweise von Angehörigen und Freunden sollten ebenfalls ernst genommen werden. Auf diese Weise erhält der MS-Erkrankte erste Hinweise über mögliche Beeinträchtigungen, ohne dass es zu einem Entzug des Führerscheins kommen kann oder sammelt zugleich „Beweise" für die Fahreignung, um die eigene Vorsorgepflicht zu erfüllen.

Ein Neuropsychologe kann dabei die psychischen Leistungsbereiche untersuchen.

Die Beurteilung der Fahreignung kann durch eine praktische Fahrverhaltensprobe ergänzt werden.

Eine rechtsverbindliche Abklärung der Fahreignung kann allerdings nur durch die Fahrerlaubnisbehörde erfolgen.

Sollte eine amtliche Abklärung der Fahreignung erforderlich werden (z. B. bei einer fahrrelevanten Bewegungsbehinderung), kann ein Neuropsychologe bei den notwendigen Vorbereitungen unterstützen und dabei begleiten.

Eine amtliche, also rechtsverbindliche Bescheinigung der Fahreignung kann nur über die Fahrerlaubnisbehörde erworben werden. Dieser Weg ist vor allem dann wichtig, wenn fahrrelevante Einschränkungen der Bewegung gegeben sind.

Etwaige Eignungsmängel können u. U. durch spezielle Umbauten am Kfz ausgeglichen werden. Fahrschulen, Kfz-Hersteller sowie Umrüstungsfirmen können helfen und Auskunft (auch im Hinblick auf die Finanzierbarkeit) geben.

XI. Begriffserklärungen

Fahrer ist, wer ein Kraftfahrzeug – berechtigt oder nicht – lenkt und die tatsächliche Gewalt über das Steuer hat.

Fahreignung (Synonym: Fahrtauglichkeit) ist die generelle, nicht auf eine bestimmte Situation bezogene psychische und physische Fähigkeit einer Person zum Führen von Fahrzeugen.

Der Begriff **Fahrtüchtigkeit (Synonym: Fahrsicherheit)** beschreibt situationsbezogen die momentane psychische und physische Fähigkeit, ein Fahrzeug ordnungsgemäß zu steuern.

Fahruntüchtigkeit bezeichnet das Unvermögen eines Fahrzeugführers, ein Fahrzeug jederzeit sicher zu führen.

Die **Fahrerlaubnis (Synonym: Fahrberechtigung)** ist die behördliche Erlaubnis zum Führen bestimmter Kraftfahrzeuge auf öffentlichen Straßen. Sie muss für die jeweilige Kraftfahrzeugklasse erworben werden.

Der **Führerschein** hingegen ist das amtliche Dokument, dass ein Kraftfahrer über die entsprechende behördliche Erlaubnis verfügt.

Kraftfahrzeuge sind Landfahrzeuge, die durch Maschinenkraft bewegt werden, ohne an Bahngleise gebunden zu sein (§ 1 Abs. 2 StVG) oder nicht dauerhaft spurgeführte - maschinengetriebene - Landfahrzeuge, (§ 2 Nr. 1 FZV).

Durch Maschinenkraft bewegt wird ein Kfz, wenn es einen eigenen maschinellen Antrieb hat. Daher sind Anhänger eigentlich keine Kraftfahrzeuge; sie werden lediglich durch die gesetzliche Legaldefinition solchen gleichgestellt.

Ein Kfz wird geführt, wenn es unter bestimmungsgemäßer Anwendung seiner Antriebskraft unter eigener Allein- oder auch Mitverantwortung in Bewegung gesetzt worden ist und der Täter es unter Handhabung der technischen Voraussetzungen während der Fahrbewegung durch den Verkehrsraum ganz oder wenigstens zum Teil leiten will.

Begriff des (öffentlichen) Straßenverkehrs: Der Begriff der Öffentlichkeit gehört zu den sog. straßenverkehrsrechtlichen Grundbegriffen. Er hat für alle Verkehrsstraftaten Bedeutung und darüber hinaus auch für die Verkehrsordnungswidrigkeiten, wie z.B. § 24a StVG. Nur wenn die Taten im öffentlichen Verkehrsraum begangen wurden, ist eine straf- bzw. ordnungswidrigkeitenrechtliche Verfolgung möglich.

Bußgeld versus **Verwarnungsgeld:** Sowohl Buß- als auch Verwarnungsgeld werden verordnet, um eine Ordnungswidrigkeit im Straßenverkehr zu ahnden. Bei geringfügigen Vergehen muss nur ein Verwarnungsgeld gezahlt werden, ein Bußgeld wird bei schwereren Vergehen erhoben. Bei einem Bußgeldverfahren entstehen durch den Verwaltungsaufwand zusätzliche Kosten, die dem Betroffenen als Gebühren berechnet werden.

XII. Anhänge

Anhang 1 – Übersicht Fahrerlaubnis- bzw. Führerscheinklassen

Fahrerlaubnis- bzw. Führerscheinklasse	Kraftfahrzeugtyp
AM	Leichte zweirädrige Kraftfahrzeuge sowie dreirädrige Kleinkrafträder und leichte vierrädrige Leichtkraftfahrzeuge (z. B. Fahrrad mit Hilfsmotor, Moped)
A1	Krafträder (Leichtkrafträder) – Zweiräder auch mit Beiwagen – mit bis zu 125 ccm Hubraum und bis zu 11 kW Leistung
A2	Mittelschwere Krafträder – Zweiräder auch mit Beiwagen – bis 35 kW Leistung, deren Ausgangsleistung nicht mehr als 70 kW beträgt
A	Schwere Krafträder – Zweiräder auch mit Beiwagen – sowie dreirädrige Kraftfahrzeuge
B	Kraftfahrzeuge mit bis zu 3.500 kg zulässige Gesamtmasse
BF17	Kraftfahrzeuge mit bis zu 3.500 kg zulässige Gesamtmasse Mindestalter für Erlangung der Fahrerlaubnis: 17 Jahre
Schlüsselzahl B96	Kraftfahrzeuge und Anhänger, die in der Kombination ein zulässiges Gesamtgewicht zwischen 3.500 kg und 4.250 kg besitzen
Schlüsselzahl B196	Kraftfahrzeuge mit bis zu 3.500 kg zulässige Gesamtmasse sowie 125er-Leichtkrafträder auch mit Beiwagen
BE	Fahrzeuge der Klasse B sowie Anhänger mit einer zulässigen Gesamtmasse zwischen 750 kg und 3.500 kg
C1	Kraftfahrzeuge mit einer Gesamtmasse zwischen 3.500 kg und 7.500 kg

Fahrerlaubnis- bzw. Führerscheinklasse	Kraftfahrzeugtyp
C1E	Kombination aus einem Kraftfahrzeug gemäß C1 und einem Anhänger über 750 kg sowie Fahrzeug der Klasse B und ein Anhänger über 3.500 kg
C	Kraftfahrzeuge mit über 3.500 kg Gesamtmasse
CE	Kombination aus einem Kraftfahrzeug gemäß C und einem Anhänger über 750 kg
D1	Kraftfahrzeuge bis 8 m Länge, die zwischen 8 und 16 Personen befördern können (Fahrer nicht eingeschlossen)
D1E	Kombination aus einem Kraftfahrzeug der Klasse D1 und einem Anhänger über 750 kg
D	Kraftfahrzeuge, die mehr als 8 Personen befördern können (Fahrer nicht eingeschlossen)
DE	Kombination aus einem Kraftfahrzeug der Klasse D und einem Anhänger über 750 kg
L	selbstfahrende **Arbeitsmaschinen**, selbstfahrende Futtermischwagen, Stapler und andere Flurförderzeuge: bis 25 km/h, mit Anhänger land- und forstwirtschaftliche **Zugmaschinen**: bis 40 km/h, mit Anhänger bis 25 km/h
T	land- und forstwirtschaftliche selbstfahrende Arbeitsmaschinen, selbstfahrende Futtermischwagen: bis 40 km/h, mit Anhänger land- und forstwirtschaftliche Zugmaschinen: bis 60 km/h (unter 18 Jahre: bis 40 km/h), mit Anhänger
Quad-Führerschein	Vierrädriges Kraftfahrzeug mit Sitzbank („Quad")
Mofa-Führerschein	Einspurige, einsitzige Fahrräder mit Hilfsmotor (ohne Tretkurbeln), Höchstgeschwindigkeit max. 25 km/h
Personenbeförderungsschein	Fahrerlaubnis zur Fahrgastbeförderung mit Taxi, Mietwagen, Krankentransporter & Co.

Anhang 2 – Alkohol und Drogen: Bußgeldrechtliche Folgen (ohne Berücksichtigung Fahranfänger)

Folgen für Autofahrer

Alkohol	Geldbuße	Punkte	Fahrverbot
Unter 21 Jahren: > 0,0‰ und < 0,5‰	250 EUR	1	
Gefährdung des Verkehrs ab 0,3 ‰		3	Entziehung der Fahrerlaubnis und Freiheits- oder Geldstrafe, ggf. MPU
0,5 ‰-Grenze überschritten			
1. Mal	500 EUR	2	1 Monat
2. Mal	1.000 EUR	2	3 Monate
3. Mal	1.500 EUR	2	3 Monate
Fahren mit ≥ 1,1 ‰ Blutalkoholgehalt		3	Entziehung der Fahrerlaubnis und Freiheits- oder Geldstrafe, Anordnung einer MPU
Drogen			
Verstoß gegen Drogengesetz im Straßenverkehr			
1. Mal	500 EUR	2	1 Monat
2. Mal	1.000 EUR	2	3 Monate
3. Mal	1.500 EUR	2	3 Monate
Gefährdung unter Drogeneinfluss		3	Entziehung der Fahrerlaubnis und Freiheits- oder Geldstrafe, Anordnung einer MPU

Folgen für Fahrradfahrer

Beschreibung	Folgen
Mit 1,6 oder mehr Promille Fahrrad gefahren	3 Punkte, Geldstrafe und Anordnung einer MPU

Mit 0,3 oder mehr Promille fahrauffällig Fahrrad gefahren	Strafanzeige

Folgen für E-Scooter-Fahrer

Verstoß	Geldbuße	Punkte	Fahrverbot
Ab 0,5‰	500 EUR	2	1 Monat
2. Mal	1.000 EUR	2	3 Monate
3. Mal	1.500 EUR	2	3 Monate
Ab 0,3 ‰: Verkehrsteilnehmer gefährdet, Unfall verursacht oder durch Ausfallerscheinungen auffällig geworden		3	Freiheits- oder Geldstrafe, eventuell Entziehung der Fahrerlaubnis
Ab 1,1‰		3	Freiheits- oder Geldstrafe, eventuell Entziehung der Fahrerlaubnis

Anhang 3 – Wirkungs- und Nachweisdauer von Cannabis

Nachweisbarkeit von THC bzw. THC-COOH in:	einmaliger Konsum	gelegentlicher Konsum	regelmäßiger Konsum
Speichel	weniger als 24 Stunden	weniger als 24 Stunden	weniger als 24 Stunden
Urin	2 bis 3 Tage (THC-COOH)	2 bis 4 Tage (THC-COOH)	5 bis 14 Tage (THC-COOH); bei chronischem Missbrauch auch 2 Wochen bis 3 Monate
Blut	6 bis 24 Stunden (THC) 2 bis 3 Tage (THC-COOH)	mehr als 24 Stunden (THC)	mehrere Tage (THC-COOH)

Nachweisbarkeit von THC bzw. THC-COOH in:	einmaliger Konsum	gelegentlicher Konsum	regelmäßiger Konsum
Haare	abhängig von der Haarlänge	abhängig von der Haarlänge	abhängig von der Haarlänge

Anhang 4 – Bereifung zur kalten Jahreszeit

Bereits seit Dezember gilt in Deutschland die sog. **situative Winterreifenpflicht.**

Winterreifen, oder auch Reifen, die **der Richtlinie 92/23/EWG** entsprechen, müssen genutzt werden, wenn „Glatteis, Schneeglätte, Schneematsch, Eis- oder Reifglätte" vorherrscht (**§ 2 Absatz 3a StVO**).
Für die Winterreifenpflicht gibt es somit keinen offiziellen Zeitraum, auch wenn sich im Volksmund die O-bis-O-Regel (von Oktober bis Ostern) hält.

Wintertaugliche Reifen, die nach dem 31.12.2017 hergestellt wurden, müssen mit dem Alpine-Symbol ausgestattet sein. Die M+S-Kennzeichnung genügt nicht mehr.
Für ältere Reifen gilt eine Übergangsfrist bis zum 30.09.2024.

Zu beachten ist ferner, dass die Lebensdauer eines Reifens begrenzt ist (6 – 10 Jahre, Mindestprofiltiefe: 1,6 mm).

Bußgelder – Falsche Bereifung

Verstoß: Bereifung	Bußgeld	Punkte	Fahrverbot
Fahrzeug mit abgefahrenen Reifen geführt	60 EUR	1	nein
- mit Gefährdung	75 EUR	1	nein
Kfz (außer Mofa) oder Anhänger ohne ausreichende Profiltiefe der Reifen geführt	60 EUR	1	nein
Inbetriebnahme eines Kfz (außer Mofa) Oder Anhängers mit abgefahrenen Reifen als Halter angeordnet oder zugelassen	75 EUR	0	nein
Fahren bei Schnee und Glatteis mit Sommerreifen	60 EUR-	1	nein

Verstoß: Bereifung	Bußgeld	Punkte	Fahrverbot
- mit Behinderung des Verkehrs	80 EUR	1	nein

Anhang 5 –Termin zur Hauptuntersuchung (HU) ermitteln

Das **Jahr der Fälligkeit** der Hauptuntersuchung lässt sich an den abgedruckten **zwei Ziffern in der Mitte der Plakette** ablesen. Eine „20" im Innenkreis bedeutet, dass der nächste Prüftermin für die Hauptuntersuchung 2020 fällig ist.

Die **Zahl, die im Außenkreis ganz oben steht**, zeigt den **Monat des Prüftermins** an. Steht beispielsweise die Zahl „12" im äußeren Kreis oben in der Mitte, ist die Prüfung im Dezember fällig.

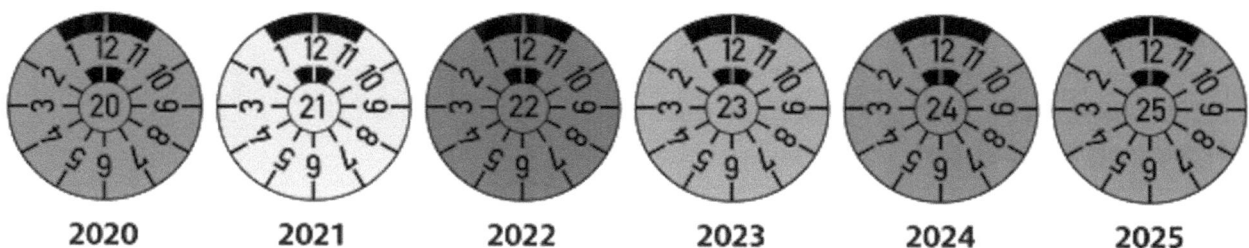

| 2020 | 2021 | 2022 | 2023 | 2024 | 2025 |

Auch die **Farbe der Plakette** zeigt an, wann die nächste TÜV-Untersuchung ansteht. Die Farbenfolge Blau, Gelb, Braun, Rosa, danach noch Grün, Orange wiederholt sich alle sechs Jahre.

Anhang 6 – Bußgelder – Termin zur HU überzogen

Verstoß	Punkte	Bußgeld (€)	Verwarnungs-geld (€)
Überschreitung der Frist zur Hauptuntersuchung			
- um 2 - 4 Monate	0		15 EUR
- um 4 - 8 Monate	0	25 EUR	-
- um mehr als 8 Monate	1	60 EUR	-
Fahrzeug zur Nachprüfung nicht rechtzeitig vorgeführt	0		15 EUR

Verstoß	Punkte	Bußgeld (€)	Verwarnungs-geld (€)
Kfz oder Anhänger auf öffentlicher Straße in Betrieb gesetzt			
- ohne die erforderliche Betriebserlaubnis	0	50 EUR	-
- außerhalb des auf dem Saisonkennzeichen angegebenen Zeitraumes	0	50 EUR	-
- nach dem auf dem Kurzzeitkennzeichen angegebenen Ablaufdatum	0	50 EUR	-
Fahrzeug außerhalb des auf dem Kennzeichen angegebenen Zeitraumes auf öffentlichen Straßen abgestellt	0	40 EUR	-
Kurzzeitkennzeichen an mehr als einem Fahrzeug verwendet	0	50 EUR	-

CORONA-Pandemie und HU

Fahrzeuguntersuchungen werden unter Einhaltung aller wirksamen Schutzmaßnahmen weiterhin durchgeführt.

Die Frist zur Nachuntersuchung für „HU mit Mängeln" beträgt für das Jahr 2020 zwei Monate, anstatt einem Monat (außer in den Bundesländern Bremen und Niedersachsen, hier bleibt es bei einem Monat).

Das Verwarnungsgeld der Polizei oder des Bundesamts für Güterverkehr beim Überziehen des HU-Termins, für bis zu 4 Monate, wurde bis voraussichtlich Ende 2020 ausgesetzt.

HINWEIS: Wer ohne gültige HU in einen Unfall verwickelt wird, muss sich in der Regel einer Regressprüfung der KFZ-Versicherung unterziehen. In Regress kann die Versicherung den Fahrzeughalter nur nehmen, wenn er grob fahrlässig gehandelt hat. Je länger die TÜV-Plakette abgelaufen ist, desto größer ist der Verdacht. Möglicherweise übernimmt die Versicherung den Schaden dann nicht. Der Unfallgegner hat hingegen wenig zu befürchten. Der Versicherungsschutz der Haftpflicht gilt auch ohne TÜV.

Anhang 7 – Aufschlüsselung der Anlässe für die Durchführung von MPU in 2018

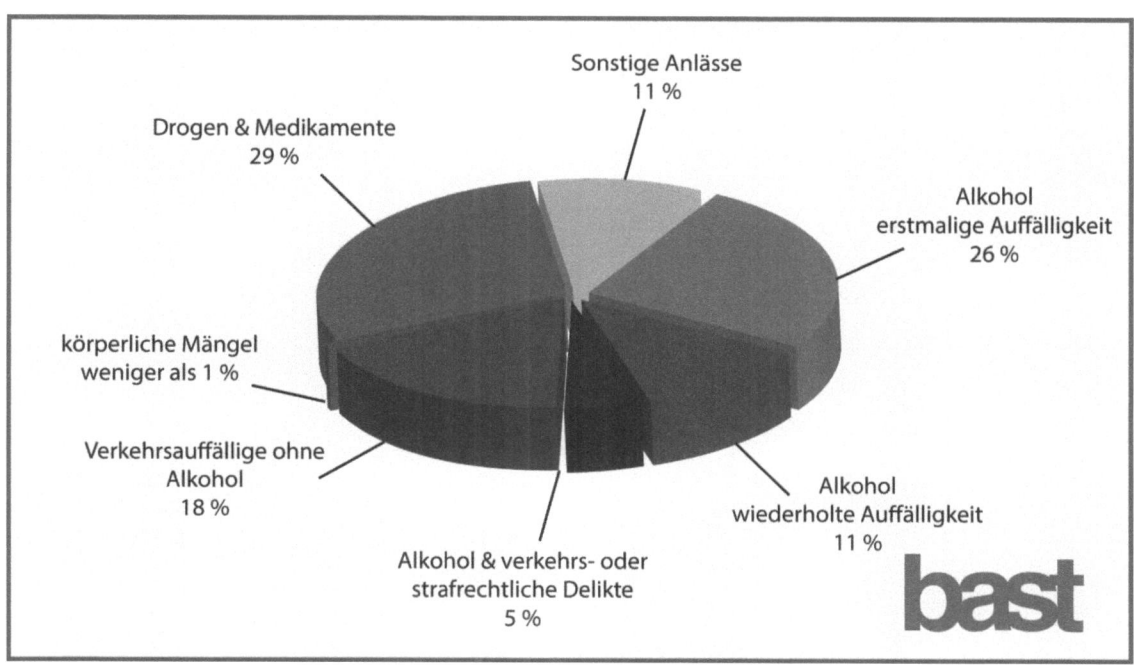

Quelle: Bundesanstalt für Straßenwesen (BASt)

Anhang 8 –Parken auf einem öffentlichen Behindertenparkplatz

MS-bedingte Beschwerden können zu bleibenden Behinderungen führen. Es ist allerdings keineswegs so, dass MS-Erkrankte per se als schwerbehinderte Menschen gelten. Entscheidend für die Feststellung des Behinderungsgrades ist nicht die Diagnose MS, sondern allein das Ausmaß der festgestellten Funktionsbeeinträchtigungen.

Die Feststellung einer Behinderung und der Höhe des GdB bzw. von Merkzeichen erfolgt auf Antrag durch das zuständige **Versorgungsamt**.

Ein Schwerbehindertenausweis berechtigt allerdings nicht automatisch auf **öffentlichen Behindertenparkplätzen** zu parken.

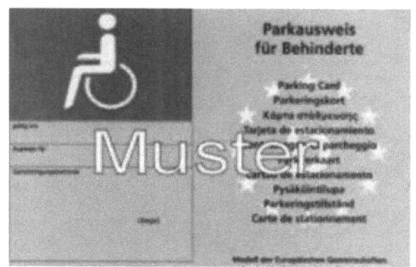

Um dort parken zu dürfen, benötigt man einen besonderen **blauen Parkausweis** (s. Abb. rechts). Dieser blaue Parkausweis gilt in der europäischen Union und in einigen anderen Ländern (z. B: Norwegen, Polen, Schweiz und Türkei).

Um den blauen Parkausweis zu beantragen – in der Regel bei der **Straßenverkehrsbehörde** vor Ort oder beim Ordnungsamt der Stadt –, ist die Feststellung einer der folgenden Behinderungen: außergewöhnliche Gehbehinderung (Merkzeichen „aG"), Blindheit (Merkzeichen „Bl"), eine beidseitigen Amelie oder Phokomelie oder vergleichbare Funktionseinschränkungen Voraussetzung.

Das unbefugte **Parken** auf dem **Behindertenparkplatz** ist laut StVO verboten und wird seit der Einführung der StVO-Novelle am 28. April 2020 mit einem Bußgeld von 55 Euro geahndet. Außerdem muss damit gerechnet werden, bei einem solchen Verstoß abgeschleppt zu werden.

Anhang 8 - Antragsformular

Antrag bitte über zuständige Stadt/Gemeinde einreichen

Antrag auf
- ○ **Erteilung**
- ○ **Verlängerung**
der Fahrerlaubnis
Klasse(n)

- ○ Neuerteilung
- ○ Ersterteilung
- ○ Erweiterung von Kl:
- ○ Umschreibung ausländische Fahrerlaubnis
- ○ Umschreibung Bundeswehr-/Dienstfahrerlaubnis

- ☐ BF 17
- ☐ Taxi
- ☐ Mietwagen
- ☐ Krankenwagen
- ☐ Ausflugfahrten, Ferienzielreisen

Fahrschulstempel	Familiennamen:	
	Vornamen:	
	Geburtsnamen:	
	ggf. sonst. frühere Namen:	
	Geburtsdatum:	
	Geburtsort und –land:	
Prüfort:	Hauptwohnsitz mit vollständiger Anschrift:	
	Staatsangehörigkeit:	Doktorgrad: Geschlecht: m ○ w ○
	Tagsüber telef./per E-Mail erreichbar unter:	

Ich trage im Straßenverkehr eine Sehhilfe (Brille/ Kontaktlinse)

○ ja   ○ nein

Liegen geistige/ körperliche Erkrankungen/ Behinderungen vor?

(z.B. mangelndes Sehvermögen, Herz- und Gefäßkrankheiten, Psychische (geistige) Störungen, Organstransplantationen, Schwerhörigkeit, Gehörlosigkeit, Zuckerkrankheit, Alkoholmissbrauch/-Abhängigkeit, Lungen-/ Bronchialerkrankungen, Bewegungsbehinderungen, Krankheiten des Nervensystems, Nierenerkrankungen, Gebrauch von Betäubungsmitteln, anderer psychoaktiv wirkender Stoffe und Arzneimittel)

○ nein   ○ ja, welche:

Ich beantrage die theoretische Prüfung (§16 Anl. 7 FeV) in folgender Fremdprache abzulegen:

Letzte erteilte Fahrerlaubnisklassen (auch ausländische Fahrerlaubnisse)

Klasse	Ausstellungsdatum	Erteilt durch Behörde	Listennummer

Ich besitze einen ausländischen Führerschein: ○ **nein** ○ **ja (falls ja, bitte Kopie des Führerscheins vorlegen)**

Hiermit erkläre ich, dass meine Fahrerlaubnis echt ist und noch Gültigkeit besitzt. Ich bin mit der Echtheitsprüfung meiner ausländischen Fahrerlaubnis einverstanden. Ich versichere, dass gegen mich weder in Deutschland noch in einem anderen EU-Mitgliedstaat eine Entziehung der Fahrerlaubnis vorgelegen hat, bevor ich im Ausland den vorgelegten Führerschein erworben habe. Mir ist bewusst, dass mir der deutsche Führerschein nur ausgehändigt werden darf, wenn ich im Gegenzug auf den ausländischen Führerschein verzichte und ihn abgebe.

Ich lege vor:
☐ gültigen Personalausweis od. Reisepass mit Meldebescheinigung   ☐ biometrisches Lichtbild (35x45 mm)

für die Klassen A, A1, A2, AM, B, BE, L, T:
☐ Sehtest oder augenärztliches Zeugnis/Gutachten nach Anlage 6 FeV, nicht älter als 2 Jahre (im Original)
☐ Nachweis über die Ausbildung in Erster Hilfe

für die Klassen C, CE, C1, C1E, D, DE, D1, D1E:
☐ augenärztliches Zeugnis/Gutachten nach Anlage 6 FeV, nicht älter als 2 Jahre (im Original)
☐ ärztliches Zeugnis oder Gutachten nach Anlage 5 FeV, nicht älter als 1 Jahr (im Original)
☐ Nachweis über die Ausbildung in Erster Hilfe
☐ Ausbildungsvertrag, sofern Ausbildung „Berufskraftfahrer/in" oder „Fachkraft im Fahrbetrieb" i.V.m. Unterschreitung des Mindestalters

gewerbliche Nutzung? ○ nein   ○ ja   (wenn ja, Vorlage Nachweis über Grundqualifikation oder beschleunigte Grundqualifikation oder Weiterbildungsmodule nach BKrFQG)

für „begleitetes Fahren ab 17" (zusätzlich zu den obigen Unterlagen):
☐ Antrag auf Teilnahme am Fahranfängermodell „Begleitetes Fahren ab 17"
☐ Beiblatt für jede Begleitperson mit Kopie des Führerscheins (Vorder- und Rückseite)

Sollte ich nicht innerhalb von zwölf Monaten meine Fahrprüfung abgelegt haben, so betrachte ich meinen Antrag als erledigt und die gezahlten Gebühren als verfallen. Ich weiß, dass ein augenärztliches Gutachten und ein Sehtest längstens 2 Jahre gilt. Ich nehme zur Kenntnis, dass die praktische Prüfung an dem für meine Hauptwohnung oder schulische/berufliche Ausbildung/Studium oder Arbeitsstelle zuständigen Prüfort abzulegen ist.

_____   _____
Ort und Tag   Unterschrift Antragsteller/-in

_____   _____

Stadt-/Gemeindeverwaltung   Datum

An die Fahrerlaubnisbehörde des Landrats des Landkreises Kassel, Postfach 10 24 20, 34024 Kassel

Die persönlichen Daten der Bewerberin/des Bewerbers wurden anhand einer Personenstandsurkunde oder des Melderegisters auf Richtigkeit und Vollständigkeit geprüft. Sie/Er hat den Antrag und den unten aufgeklebten Unterschrift-/Fotoaufkleber eigenhändig unterschrieben.

Die Person ist hier mit Hauptwohnsitz seit dem _____ gemeldet.

Zugezogen von _____am _____.

Bei Namensänderung:

Nachweis über Namensänderung beigefügt ☐.

Sofern zutreffend: Führungszeugnis wurde ☐ beantragt ☐ nicht beantragt.

Das beigefügte Lichtbild stellt den/die Antragsteller/-in zeitnah dar.

i.A.

_____

Unterschrift

Hier bitte Unterschrift-/Fotoaufkleber aufkleben

Bearbeitungsvermerke der Fahrerlaubnisbehörde nach Antragseingang:

1. Aufgenommen im Bildschirm unter Nr. _____

2. Anfrage an das KBA gehalten am _____; Eintragungen:

3. Verw.-Geb._____ EUR,   Kassenzeichen: _____

4. VHK erstellt und an Bundesdruckerei versandt am _____

Namenszeichen _____

Bearbeitungsvermerke der Fahrerlaubnisbehörde nach Antragserledigung:

1. Fahrerlaubnis ☐ erteilt am _____ bis _____ ☐ nicht erteilt _____

2. Taxi usw. ☐ erteilt am _____ bis _____ ☐ nicht erteilt _____

3. ZFER-Mitteilung abgesandt am _____ 4. Alte FE eingezogen oder entwertet ausgehändigt _____

5. _____

6. Datum _____ Namenszeichen_____ z.d.A. _____

XIII. Informationen und Literaturtipps

1. Das Bundesministerium der Justiz und für Verbraucherschutz und das Bundesamt für Justiz stellen für interessierte Bürgerinnen und Bürger nahezu das gesamte aktuelle Bundesrecht kostenlos im Internet bereit. Die Gesetze und Rechtsverordnungen können in ihrer jeweils geltenden Fassung abgerufen werden.

Bundesinstitut für Arzneimittel und Medizinprodukte

https://www.gesetze-im-internet.de

2. Deutscher Bundestag, Drucksache 18/11485, 18. Wahlperiode, 08.03.2017

Cannabismedizin und Straßenverkehr

Kleine Anfrage der Abgeordneten Frank Tempel, Ulla Jelpke, Jan Korte, Dr. Petra Sitte und der Fraktion DIE LINKE.

https://dip21.bundestag.de/dip21/btd/18/114/1811485.pdf

3. Deutscher Bundestag, Drucksache 18/11701, 18. Wahlperiode, 27.03.2017

Cannabismedizin und Straßenverkehr

Antwort der Bundesregierung auf die Kleine Anfrage der Abgeordneten Frank Tempel, Ulla Jelpke, Jan Korte, Dr. Petra Sitte und der Fraktion DIE LINKE.
– Drucksache 18/11485 –

https://dip21.bundestag.de/dip21/btd/18/117/1811701.pdf

3. Bundesanstalt für Straßenwesen

„Begutachtungsleitlinien zur Kraftfahreignung"

https://www.bast.de

Auf der Website ist der Stand und die Gültigkeit jedes Kapitels aufgeführt, auch ist die Zusammensetzung der Expertengruppen einsehbar.

4. Cannabis als Medizin
Erste Erkenntnisse aus der Begleiterhebung
Dr. med. Peter Cremer-Schaeffer, 09.05.2019

https://bfarm.de

(zum Vortrag gelangt man am besten über die Suchergebnisse)

5. Kassenärztliche Bundesvereinigung (KBV)

Verordnungen > Arzneimittel-Verordnung > Cannabis was Ärzte wissen müssen

https://www.kbv.de/html/cannabis-verordnen.php

6. Medizinischer Dienst des Spitzenverbandes Bund der Krankenkassen

Richtlinien und Grundlagen der MDK-Begutachtung > Cannabinoide

https://www.mds-ev.de/richtlinien-publikationen/richtlinien-grundlagen-der-begutachtung/cannabinoide.html

7. Arbeitsgemeinschaft Cannabis als Medizin

Fragen und Antworten, Forum zum Austausch rund um das Thema „Cannabis als Medizin", Newsletter, Musterschreiben

Patiententelefon, Rufnummer: 0800/0226622 (kostenfrei), jeden Freitag in der Zeit von 11:00 Uhr bis 13:00 Uhr und von 14:00 Uhr bis 16:00 Uhr

https://www.arbeitsgemeinschaft-cannabis-medizin.de

8. Bund gegen Alkohol und Drogen im Straßenverkehr (BADS)

Der BADS ist eine staatlich anerkannte und geförderte unabhängige gemeinnützige Vereinigung zur Ausschaltung des Alkohols und der Drogen im Straßenverkehr.

https://www.bads.de/kontakt

9. Fahrlehrerverbände

Checkliste zur Auswahl einer Fahrschule

https://www.fahrlehrerverbaende.de

10. Autoanpassung

Informationsportal für Menschen mit Behinderung, die Auto fahren

www.autoanpassung.de

11. Verband der Fahrzeugumrüster für mobilitätseingeschränkte Personen e.V.

Der VFMP e. V. repräsentiert mit seinen Mitgliedern rund 85 Prozent des deutschen Umrüstermarktes.

https://www.vfmp.de

12. BbAB – Bund behinderter Auto-Besitzer e. V

Behindertenrabatt nach Automarken

www.bbab.de

XIV. Abkürzungsverzeichnis

aaSoP	allgemein anerkannter Sachverständiger oder Prüfer
Abb.	Abbildung
BADS	Bund gegen Alkohol und Drogen im Straßenverkehr
BAK	Blutalkoholkonzentration
BASt/bast	Bundesanstalt für Straßenwesen
BbAB	Bund behinderter Autobesitzer e. V.
BfF	Begutachtungsstelle für Fahreignung
BGBl.	Bundesgesetzblatt
BGH	Bundesgerichtshof
BSG	Bundessozialgericht
Bsp./Bspe.	Beispiel/Beispiele
BTM	Betäubungsmittel
BTMG	Betäubungsmittelgesetz
BVerG	Bundesverfassungsgericht
BVerwG	Bundesverwaltungsgericht
bzw.	beziehungsweise
CBD	Cannabidiol
ccm/cm³	Kubikzentimeter (Volumeneinheit)
d. h.	das heißt
Dekra	Prüfgesellschaft, schwerpunktmäßig befasst mit der Prüfung von Kraftfahrzeugen und technischen Anlagen, bietet aber auch weitere Dienstleistungen an.
EU-weit	das ganze Gebiet der Europäischen Union (EU) umfassend
e. V.	eingetragener Verein
evtl.	eventuell
EWG	Europäische Wirtschaftsgemeinschaft
FeV	Fahrerlaubnisverordnung
FzF	Fahrerlaubnis zur Fahrgastbeförderung
GdB	Grad der Behinderung
GdV	Gesamtverband der Deutschen Versicherungswirtschaft
GebOSt	Gebührenordnung für Maßnahmen im Straßenverkehr
HU	Hauptuntersuchung
KBA	Kraftfahrt-Bundesamt
KBV	Kassenärztliche Bundesvereinigung
Kfz	Kraftfahrzeug
KfzHV	Kraftfahrzeughilfeverordnung
kg	Kilogramm
kW	Kilowatt
i. d. R.	in der Regel
i. H. v.	in Höhe von
i. S.	im Sinne
lat.	lateinisch
Lkw	Lastkraftwagen

LSD	Lysergsäurediethylamid, eines der stärksten bekannten Halluzinogene.
LSG	Landessozialgericht
MD	Medizinischer Dienst
MDA	Methylendioxyamfetamin
MDE	Methylendioxyethylamfetamin
MDMA	Methylendioxymetamfetamin
MDS	Medizinischer Dienst des Spitzenverbandes Bund der Krankenkassen
mm	Millimeter
M u. S	„Mud and Snow" bzw. „Matsch und Schnee"
mtl.	monatlich
ng	Nanogramm (1 Milliardstel Gramm = 10^{-9} g)
ÖPNV	Öffentlicher Personennahverkehr
s.	siehe
SG	Sozialgericht
SGB V	Fünftes Buch Sozialgesetzbuch – Gesetzliche Krankenversicherung
SGB IX	Neuntes Buch Sozialgesetzbuch – Rehabilitation und Teilhabe von Menschen mit Behinderungen
StVG	Straßenverkehrsgesetz
StVO	Straßenverkehrsordnung
StVZO	Straßenverkehrs-Zulassungs-Ordnung
THC	Tetrahydrocannabinol
THC-COOH	THC-Carbonsäure
TÜV	Technischer Überwachungsverein
UN-BRK	UN-Behindertenrechtskonvention
u. U.	unter Umständen
VFMP	Verband der Fahrzeugumrüster für mobilitätseingeschränkte Personen e. V.
v. H.	von Hundert
z. B.	zum Beispiel

XV. Stichwortverzeichnis

Auflagen, Beschränkungen	14
Ausfallerscheinungen, Auffälligkeiten	29
Behandlung, medikamentöse	17 ff.
Behindertenparkplatz	57
Begutachtungsanleitung	21
Bereifung	32, 54
Betäubungsmittel	28
Beweislast, Umkehr der	31
Blutalkoholkonzentration	26
Blutentnahme	28
Blutserum	27
Bußgeld	27, 52, 55 ff.
Cannabis, Cannabisblüten, Cannabisextrakte	20 ff.
Cannabisausweis, Patientenausweis	27
Cannabidiol	22
Corona	56
Dronabinol	21 f.
Fahrlässigkeit, fahrlässig	28
Fahreignung, Kraftfahreignung	12 ff., 34 f., 48
Fahrerhaftung	30
Fahrerlaubnis	32ff., 49
Fahrerlaubnis- bzw. Führerscheinklasse	14, 50 ff.
Fahrerlaubnisbehörde, Führerscheinstelle	16, 25 f., 33 ff.
Fahrprüfung	39
Fahrschule	33, 61
Fahrtüchtigkeit	28 f., 49
Fahrunsicherheit	28 f.
Fahrzeug	11
Fahrzeugführer	12 ff.
Fahrzeughalter	13
Führerschein	14, 33 ff., 45 ff., 51
Führerschein- bzw. Fahrerlaubnisklasse	14, 50 ff.
Gefährdungshaftung	32
Grenzwert	26 f.
Gutachten, fachärztliches	34 f.
Gutachten, technisches	37
Gutachterkosten	17, 34
Halterhaftung	32
Hauptuntersuchung	55
Hilfen, finanziell	39
Konsequenzen, ordnungsrechtlich	23
Konsequenzen, strafrechtlich	28
Kostenträger, Kraftfahrzeughilfe(-leistungen)	40

Kraftfahrzeugtyp	50 f.
Lebensqualität	10
Medikamentenklausel	23
Medizinal-Cannabis	20
Medizinischer Dienst	20
Meldung der MS-Erkrankung	16
Merkzeichen	40, 45, 57
MPU (Medizinisch-psychologische Untersuchung)	35, 36, 57
Mobilität	10 f.
Multiple Sklerose	9, 15
Nabilon	21
Nebenwirkungen	18 f.
Parken, Parkausweis	57
Polizei	27, 34
Patientenausweis, Cannabisausweis	30, 36
Rabatte beim Autokauf	39
Rücksichtnahme, gegenseitige	12
Sativex	21 f.
Schlüsselzahl	37 f.
Schnelltest	28
Schwerbehinderung	39 f.
Schwerbehindertenausweis	45, 57
Selbstmedikation	19
Steuerbefreiung, -ermäßigung	45
Straftat	26, 28 f., 46, 49
Straßenverkehr	11 ff.
Straßenverkehrsbehörde	16, 57
Symptome	9, 15
Teilhabe, gesellschaftliche	10, 40
Tetrahydrocannabinol	20, 22
Umtausch/Umschreibungen, Führerschein	45
Widerspruch	21
Verkehrsordnungswidrigkeit	23 ff.
Verkehrsmediziner	17
Verkehrsteilnehmer	11
Verlaufsformen der MS	10
Verordnung, (fach-)ärztliche	22
Verschuldenshaftung	30
Versorgungsamt	57
Verwarnungsgeld	49, 56
Vorsorgepflicht, gesetzliche	15
Zusatzausstattung	44
Zuschuss	40 ff.

Weitere Publikationen von Marianne Moldenhauer:

Weg(durch)kreuzungen offen und beherzt meistern – Den eigenen Weg finden und gehen (2020)
Fotos: Bernd Vogel
Poesie und Fotografie ist das Motto bei diesem gemeinsamen Debüt zweier Menschen mit vielseitigen Begabungen und Interessen, deren Wege sich im Rahmen ihrer ganz unterschiedlich ausgestalteten ehrenamtlichen Arbeit für Multiple-Sklerose-Betroffene gekreuzt haben.
Die authentischen, einfühlsamen, lebendigen und inspirierenden Texte strahlen ebenso wie die mit fotografischem Blick und schöpferischem Potential kunstvoll eingefangenen Impressionen von Pfaden durch Wälder und Parkanlagen, alten Verkehrswegen, Lichtstimmungen und übergroßen Skulpturen eine angenehme Ruhe, Kraft und Weisheit aus und schenken den Leser*innen erhellende Gedanken, Mut und Zuversicht in guten wie in schwierigen Situationen.
Hardcover, ISBN 973-3-749469-90-1

MS ist nicht mein ganzes ICH – Kreativ leben mit chronischer Erkrankung (2019)
Fotos: Birgit Meyer
Die Synthese aus wegweisenden Gedanken und stimmungsvollen, mit der Kamera „gemalten" Fotos lädt zum Verweilen ein und gibt Auftrieb, wenn es im Leben vielleicht einmal nicht so läuft, wie es laufen sollte, oder wenn man vor einer schwierigen Aufgabe steht und regt zum Innehalten, Nachdenken und Reflektieren an.
Hardcover, ISBN 978-3-749454-52-5

Mut zur Besonnenheit – Mit Bedachtsamkeit und innerer Ruhe zu mehr Wohlbefinden (2019)
In diesem Buch geht es um die überlegte, selbstbeherrschte Gelassenheit, die uns auch bei wichtigen Entscheidungen oder in heiklen Situationen den Verstand die Oberhand behalten lässt, um vorschnelles und unüberlegtes Handeln zu vermeiden und die Widrigkeiten und Herausforderungen des Lebens bestmöglich zu meistern.
Hardcover, ISBN 978-3-749448-52-4

Mit MS im Recht: Die effektive Durchsetzung sozialrechtlicher Ansprüche (2019)
Das Buch liefert Ihnen strategisches Know-how, wertvolles Praxiswissen, konkrete Tipps und rechtssichere Formulierungshilfen für die effektive Durchsetzung rechtlicher Interessen gegenüber den verschiedenen Leistungsträgern, Behörden und vor den Sozialgerichten.
Paperback, ISBN 978-3-7481-7531-5

MS und Arbeitsplatz (neue u. überarbeitete Auflage 2018)
Die Autorin schließt mit ihrem Buch rund um das Thema „MS und Arbeitsplatz" eine weitere Wissenslücke bei MS-Erkrankten und Angehörigen.
Paperback, ISBN 978-3-7460-0628-4

Mit MS im Recht: Möglichst selbstbestimmt in Rente (2018)
Die Broschüre ist als kleiner Praxisleitfaden hin zu einem selbstverantwortlichen und angstbefreiten Handeln beim Übergang in einen neuen, regelmäßig nicht ganz einfach zu bewältigenden Lebensabschnitt zu verstehen.
Paperback, ISBN 978-3-7528-7750-2

Herzens-Glück - HERZgefühl und HERZensangelegenheiten (2017)
Die Autorin legt authentisch-filigrane, empfindsame und tiefgehende Gedankenzeilen rund um Herzgefühle und Herzensangelegenheiten, gepaart mit wunderschönen Fotos in Ihre Hände und regt bei der Lektüre zu einer Reise zum ganz persönlichen Herzensglück an.
Hardcover, ISBN 978-3-7412-9399-3
Paperback, Schwarz/Weiß-Ausgabe, ISBN 978-3-7412-7149-6

MOBIL SEIN UND MOBIL BLEIBEN (2016) – *(ACHTUNG: ist nicht mehr aktuell)*
Bei der Teilhabe von Menschen mit Behinderung an der Gesellschaft spielt die Mobilität eine ganz wichtige Rolle. Auf mehr als 100 Seiten liefert die Autorin nützliche Informationen zu speziellen

rechtlichen Ansprüchen, Hilfen und zahlreiche weiterführende Adressen rund um das Thema Multiple Sklerose (MS), Behinderung und Mobilität.
Paperback, ISBN 978-3-7412- 8588-2

Mit Vernunft, Bauchgefühl und Intuition zu mehr Lebensfreude (2016)
Gespickt mit farbenfrohen Fotos aus der freien Natur und dem eigenen Garten widmet sich die Autorin dem achtsamen Umgang mit der eigenen Lebensenergie hin zu einem aktiven und positiven Leben.
Hardcover, ISBN 978-3-8423-3970-5

Im Leben tief verwurzelt (2016)
In Aphorismen, Texten, Gedichten und Fotos, die die Zeit für einen kurzen Moment zum Stehen bringen, widmet sich die Autorin dem Thema Baum und Mensch.
Hardcover, ISBN 978-3-8370-1543-0

Paarweise gestärkt (2. Aufl. 2018)
In Aphorismen und Gedichten gibt die Autorin persönliche Einblicke in ihr facettenreiches Hobby TANZEN. Sie beschreibt Gefühle, schildert Tanzerlebnisse und persönliche Eindrücke und veranschaulicht die Wirkung des (Paar-)Tanzens fürs seelische und körperliche Wohlbefinden.
Paperback, ISBN 978-3-7392-4988-9

Eine hilfreiche Paarung: Multiple Sklerose und Optimismus (2016)
Die Autorin gibt Eindrücke aus der Gefühlswelt MS-Erkrankter wieder und ermöglicht zugleich auch persönliche Einblicke in das Leben mit Multipler Sklerose, dieser bislang nicht heilbaren Erkrankung des zentralen Nervensystems „mit den 1.000 Gesichtern".
Hardcover, ISBN 978-3-7392-4840-0

Alle Bücher sind auch als E-Books erhältlich.